TRANZLATY

Sprache ist für alle da

Taal is vir almal

Das Kommunistische Manifest

Die Kommunistiese Manifes

Karl Marx
&
Friedrich Engels

Deutsch / Afrikaans

Published by Tranzlaty

ISBN: 978-1-80572-243-4

Original text by Karl Marx and Friedrich Engels

The Communist Manifesto

First published in 1848

www.tranzlaty.com

Einleitung
Inleiding

Ein Gespenst geht um in Europa – das Gespenst des Kommunismus

'N Spook spook in Europa - die spook van kommunisme

Alle Mächte des alten Europa sind eine heilige Allianz eingegangen, um dieses Gespenst auszutreiben

Al die magte van die ou Europa het 'n heilige alliansie aangegaan om hierdie spook uit te dryf

Papst und Zaren, Metternich und Guizot, französische Radikale und deutsche Polizeispione

Pous en tsaar, Metternich en Guizot, Franse radikale en Duitse polisiespioene

Wo ist die Oppositionspartei, die von ihren Gegnern an der Macht nicht als kommunistisch verschrien wurde?

Waar is die party in opposisie wat nie deur sy teenstanders aan bewind as kommunisties afgemaak is nie?

Wo ist die Opposition, die nicht den Brandvorwurf des Kommunismus gegen die fortgeschritteneren Oppositionsparteien zurückgeschleudert hat?

Waar is die Opposisie wat nie die handelsmerkverwyt van kommunisme, teen die meer gevorderde opposisiepartye, teruggeslinger het nie?

Und wo ist die Partei, die den Vorwurf nicht gegen ihre reaktionären Gegner erhoben hat?

En waar is die party wat nie die beskuldiging teen sy reaksionêre teëstanders gemaak het nie?

Aus dieser Tatsache ergeben sich zweierlei

Twee dinge is die gevolg van hierdie feit

I. Der Kommunismus wird bereits von allen europäischen Mächten als eine Macht anerkannt

I. Kommunisme word reeds deur alle Europese moondhede erken as 'n mag

II. Es ist höchste Zeit, dass die Kommunisten ihre Ansichten, Ziele und Tendenzen offen vor der ganzen Welt offenlegen

II. Dit is hoog tyd dat kommuniste openlik, in die lig van die hele wêreld, hul sienings, doelstellings en neigings moet publiseer

sie müssen diesem Kindermärchen vom Gespenst des Kommunismus mit einem Manifest der Partei selbst begegnen

hulle moet hierdie kleuterverhaal van die spook van kommunisme ontmoet met 'n manifes van die party self

Zu diesem Zweck haben sich Kommunisten verschiedener Nationalitäten in London versammelt und folgendes Manifest entworfen

Vir hierdie doel het kommuniste van verskillende nasionaliteite in Londen vergader en die volgende manifes geskets

Dieses Manifest wird in deutscher, englischer, französischer, italienischer, flämischer und dänischer Sprache veröffentlicht

hierdie manifes moet in die Engelse, Franse, Duitse, Italiaanse, Vlaamse en Deense tale gepubliseer word

Und jetzt soll es in allen Sprachen veröffentlicht werden, die Tranzlaty anbietet

En nou moet dit gepubliseer word in al die tale wat Tranzlaty bied

Bourgeois und Proletarier
Bourgeois en die Proletariërs

Die Geschichte aller bisherigen Gesellschaften ist die Geschichte der Klassenkämpfe

Die geskiedenis van alle tot dusver bestaande samelewings is die geskiedenis van klassestryd

Freier und Sklave, Patrizier und Plebejer, Herr und Leibeigener, Zunftmeister und Geselle

Vryman en slaaf, patrisiër en plebejer, heer en slawe, gildemeester en reisgenoot

mit einem Wort, Unterdrücker und Unterdrückte

in 'n woord, onderdrukker en onderdrukte

Diese sozialen Klassen standen in ständiger Opposition zueinander

Hierdie sosiale klasse het voortdurend teen mekaar gestaan

Sie führten einen ununterbrochenen Kampf. Jetzt versteckt, jetzt offen

hulle het 'n ononderbroke stryd gevoer. Nou weggesteek, nou oop

Ein Kampf, der entweder in einer revolutionären Rekonstitution der Gesellschaft als Ganzes endete

'n stryd wat óf geëindig het in 'n revolusionêre hersamestelling van die samelewing in die algemeen

oder ein Kampf, der im gemeinsamen Ruin der streitenden Klassen endete

of 'n geveg wat geëindig het in die gemeenskaplike ondergang van die strydende klasse

Blicken wir zurück auf die früheren Epochen der Geschichte

Kom ons kyk terug na die vroeëre tydperke van die geskiedenis

Wir finden fast überall eine komplizierte Einteilung der Gesellschaft in verschiedene Ordnungen

Ons vind byna oral 'n ingewikkelde rangskikking van die samelewing in verskillende ordes

Es gab schon immer eine mannigfaltige Abstufung des sozialen Ranges

Daar was nog altyd 'n veelvuldige gradering van sosiale rang

Im alten Rom gibt es Patrizier, Ritter, Plebejer, Sklaven

In antieke Rome het ons patrisiërs, ridders, plebejers, slawe

im Mittelalter: Feudalherren, Vasallen, Zunftmeister, Gesellen, Lehrlinge, Leibeigene

in die Middeleeue: feodale here, vasale, gildemeesters, reisgenote, vakleerlinge, slawe

In fast allen diesen Klassen sind wiederum untergeordnete Abstufungen

In byna al hierdie klasse, weereens, ondergeskikte gradasies

Die moderne Bourgeoisie Gesellschaft ist aus den Trümmern der feudalen Gesellschaft hervorgegangen

Die moderne bourgeoisie-samelewing het uit die ruïnes van die feodale samelewing ontstaan

Aber diese neue Gesellschaftsordnung hat die Klassengegensätze nicht beseitigt

Maar hierdie nuwe sosiale orde het nie weggedoen met klasse-antagonismes nie

Sie hat nur neue Klassen und neue Unterdrückungsbedingungen geschaffen

Dit het maar nuwe klasse en nuwe toestande van onderdrukking gevestig

Sie hat neue Formen des Kampfes an die Stelle der alten gesetzt

dit het nuwe vorme van stryd in die plek van die oues gevestig

Die Epoche, in der wir uns befinden, weist jedoch eine Besonderheit auf

Die tydperk waarin ons ons bevind, beskik egter oor een kenmerkende kenmerk

die Epoche der Bourgeoisie hat die Klassengegensätze vereinfacht

die tydperk van die bourgeoisie het die klasse-antagonismes vereenvoudig

Die Gesellschaft als Ganzes spaltet sich mehr und mehr in zwei große feindliche Lager

Die samelewing as geheel verdeel al hoe meer in twee groot
vyandige kampe

**zwei große soziale Klassen, die sich direkt gegenüberstehen:
Bourgeoisie und Proletariat**

twee groot sosiale klasse wat direk teenoor mekaar staan:
Bourgeoisie en Proletariaat

**Aus den Leibeigenen des Mittelalters gingen die Bürger der
ersten Städte hervor**

Uit die slawe van die Middeleeue het die geoktrooieerde
burgers van die vroegste dorpe ontstaan

**Aus diesen Bürgern entwickelten sich die ersten Elemente
der Bourgeoisie**

Uit hierdie burgers is die eerste elemente van die bourgeoisie
ontwikkel

Die Entdeckung Amerikas und die Umrundung des Kaps

Die ontdekking van Amerika en die afronding van die Kaap

**diese Ereignisse eröffneten der aufstrebenden Bourgeoisie
neues Terrain**

hierdie gebeure het vars grond oopgemaak vir die opkomende
bourgeoisie

**Die ostindischen und chinesischen Märkte, die
Kolonisierung Amerikas, der Handel mit den Kolonien**

Die Oos-Indiese en Chinese markte, die kolonisasie van
Amerika, handel met die kolonies

die Vermehrung der Tauschmittel und der Waren überhaupt

die toename in die ruilmiddele en in kommoditeite in die
algemeen

**Diese Ereignisse gaben dem Handel, der Schiffahrt und der
Industrie einen nie gekannten Impuls**

Hierdie gebeure het aan handel, navigasie en nywerheid 'n
impuls gegee wat nog nooit tevore geken is nie

**Sie gab dem revolutionären Element in der wankenden
feudalen Gesellschaft eine rasche Entwicklung**

Dit het 'n vinnige ontwikkeling gegee aan die revolusionêre
element in die wankelende feodale samelewing

Geschlossene Zünfte hatten das feudale System der industriellen Produktion monopolisiert

Geslote gildes het die feodale stelsel van industriële produksie gemonopoliseer

Doch das reichte den wachsenden Bedürfnissen der neuen Märkte nicht mehr aus

maar dit was nie meer voldoende vir die groeiende behoeftes van die nuwe markte nie

Das Manufaktursystem trat an die Stelle des feudalen Systems der Industrie

Die vervaardigingstelsel het die plek van die feodale nywerheidstelsel ingeneem

Die Zunftmeister wurden vom produzierenden Bürgertum auf die Seite gedrängt

Die gildemeesters is aan die een kant gestoot deur die vervaardigingsmiddelklas

Die Arbeitsteilung zwischen den verschiedenen korporativen Innungen verschwand

Arbeidsverdeling tussen die verskillende korporatiewe gildes het verdwyn

Die Arbeitsteilung durchdrang jede einzelne Werkstatt

Die arbeidsverdeling het elke werkswinkel binnegedring

In der Zwischenzeit wuchsen die Märkte immer weiter und die Nachfrage stieg immer weiter

Intussen het die markte steeds gegroei, en die vraag het steeds gestyg

Selbst Fabriken reichten nicht mehr aus, um den Anforderungen gerecht zu werden

Selfs fabrieke was nie meer voldoende om aan die eise te voldoen nie

Daraufhin revolutionierten Dampf und Maschinen die industrielle Produktion

Daarna het stoom en masjinerie 'n rewolusie in industriële produksie gemaak

An die Stelle der Manufaktur trat der Riese, die moderne Industrie

Die plek van vervaardiging is ingeneem deur die reuse, moderne nywerheid

An die Stelle des industriellen Mittelstandes traten industrielle Millionäre

Die plek van die industriële middelklas is deur industriële miljoenêrs ingeneem

an die Stelle der Führer ganzer Industriearmeen trat die moderne Bourgeoisie

die plek van leiers van hele industriële leërs is deur die moderne bourgeoisie ingeneem

die Entdeckung Amerikas ebnete der modernen Industrie den Weg zur Etablierung des Weltmarktes

die ontdekking van Amerika het die weg gebaan vir die moderne industrie om die wêreldmark te vestig

Dieser Markt gab dem Handel, der Schifffahrt und der Kommunikation auf dem Landweg eine ungeheure Entwicklung

Hierdie mark het 'n geweldige ontwikkeling gegee aan handel, navigasie en kommunikasie oor land

Diese Entwicklung hat seinerzeit auf die Ausdehnung der Industrie reagiert

Hierdie ontwikkeling het in sy tyd gereageer op die uitbreiding van die nywerheid

Sie reagierte in dem Maße, wie sich die Industrie ausbreitete, und wie sich Handel, Schiffahrt und Eisenbahn ausdehnten

dit het gereageer in verhouding tot hoe die nywerheid uitgebrei het, en hoe handel, navigasie en spoorweë uitgebrei het

in demselben Maße, in dem sich die Bourgeoisie entwickelte, vermehrte sie ihr Kapital

in dieselfde verhouding as wat die bourgeoisie ontwikkel het, het hulle hul kapitaal vermeerder

und das Bourgeoisie drängte jede aus dem Mittelalter überlieferte Klasse in den Hintergrund

en die bourgeoisie het elke klas wat uit die Middeleeue oorgedra is, op die agtergrond gestoot

daher ist die moderne Bourgeoisie selbst das Produkt eines langen Entwicklungsganges

daarom is die moderne bourgeoisie self die produk van 'n lang ontwikkelingsverloop

Wir sehen, dass es sich um eine Reihe von Revolutionen in der Produktions- und Tauschweise handelt

Ons sien dit is 'n reeks revolusies in die produksie- en ruilwyses

Jeder Schritt der Bourgeoisie Entwicklung ging mit einem entsprechenden politischen Fortschritt einher

Elke stap in die ontwikkelingsbourgeoisie het gepaard gegaan met 'n ooreenstemmende politieke vooruitgang

Eine unterdrückte Klasse unter der Herrschaft des feudalen Adels

'n Onderdrukte klas onder die heerskappy van die feodale adel

ein bewaffneter und selbstverwalteter Verein in der mittelalterlichen Kommune

'n Gewapende en selfregerende vereniging in die Middeleeuse Gemeente

hier eine unabhängige Stadtrepublik (wie in Italien und Deutschland)

hier, 'n onafhanklike stedelike republiek (soos in Italië en Duitsland)

dort ein steuerpflichtiger "dritter Stand" der Monarchie (wie in Frankreich)

daar, 'n belasbare "derde landgoed" van die monargie (soos in Frankryk)

Danach, in der Zeit der eigentlichen Herstellung

daarna, in die tydperk van behoorlike vervaardiging

die Bourgeoisie diente entweder der halbfeudalen oder der absoluten Monarchie

die bourgeoisie het óf die semi-feodale óf die absolute monargie gedien

oder die Bourgeoisie fungierte als Gegengewicht zum Adel

of die bourgeoisie het as 'n teengewig teen die adel opgetree

und in der Tat war die Bourgeoisie ein Eckpfeiler der großen Monarchien überhaupt

en in werklikheid was die bourgeoisie 'n hoeksteen van die groot monargieë in die algemeen

aber die moderne Industrie und der Weltmarkt haben sich seitdem etabliert

maar die moderne nywerheid en die wêreldmark het homself sedertdien gevestig

und die Bourgeoisie hat sich die ausschließliche politische Herrschaft erobert

en die bourgeoisie het vir homself eksklusiewe politieke heerskappy verower

sie erreichte diese politische Herrschaft durch den modernen repräsentativen Staat

dit het hierdie politieke invloed deur die moderne verteenwoordigende staat bereik

Die Exekutive des modernen Staates ist nichts anderes als ein Verwaltungskomitee

Die uitvoerende beamptes van die moderne staat is maar 'n bestuurskomitee

und sie leiten die gemeinsamen Angelegenheiten der gesamten Bourgeoisie

en hulle bestuur die gemeenskaplike sake van die hele bourgeoisie

Die Bourgeoisie hat historisch gesehen eine höchst revolutionäre Rolle gespielt

Die bourgeoisie het histories 'n baie revolusionêre rol gespeel

Wo immer sie die Oberhand gewann, machte sie allen feudalen, patriarchalischen und idyllischen Verhältnissen ein Ende

Waar dit ook al die oorhand gekry het, het dit 'n einde gemaak aan alle feodale, patriargale en idilliese verhoudings

Sie hat erbarmungslos die bunten feudalen Bande zerrissen, die den Menschen an seine "natürlichen Vorgesetzten" banden

Dit het die bont feodale bande wat die mens aan sy "natuurlike meerderes" gebind het, genadeloos verskeur

Und es ist kein Nexus zwischen Mensch und Mensch übrig geblieben, außer nacktem Eigeninteresse

en dit het geen verband tussen mens en mens gelaat nie, behalwe naakte eiebelang

Die Beziehungen der Menschen zueinander sind zu nichts anderem geworden als zu einer gefühllosen "Geldzahlung"

Die mens se verhoudings met mekaar het niks meer as gevoellose "kontantbetaling" geword nie

Sie hat die himmlischsten Ekstasen religiöser Inbrunst ertränkt

Dit het die mees hemelse ekstase van godsdienstige ywer verdrink

sie hat ritterlichen Enthusiasmus und philiströsen Sentimentalismus übertönt

dit het ridderlike entoesiasme en filistynse sentimentalisme verdrink

Sie hat diese Dinge im eisigen Wasser des egoistischen Kalküls ertränkt

dit het hierdie dinge verdrink in die ysige water van egoïstiese berekening

Sie hat den persönlichen Wert in Tauschwert aufgelöst

Dit het persoonlike waarde in ruilwaarde opgelos

Sie hat die zahllosen und unveräußerlichen verbrieften Freiheiten ersetzt

dit het die ontelbare en onuitvoerbare geoktrooieerde vryhede vervang

und sie hat eine einzige, skrupellose Freiheit geschaffen; Freihandel

en dit het 'n enkele, gewetenlose vryheid geskep; Vrye handel

Mit einem Wort, sie hat dies für die Ausbeutung getan

In een woord, dit het dit gedoen vir uitbuiting

Ausbeutung, verschleiert durch religiöse und politische Illusionen

uitbuiting versluier deur godsdienstige en politieke illusies

Ausbeutung verschleiert durch nackte, schamlose, direkte, brutale Ausbeutung

Uitbuiting versluier deur naakte, skaamtelose, direkte, wrede uitbuiting

die Bourgeoisie hat den Heiligenschein von jedem zuvor geehrten und verehrten Beruf abgestreift

die bourgeoisie het die stralekrans van elke voorheen geëerde en eerbiedige beroep gestroop

der Arzt, der Advokat, der Priester, der Dichter und der Mann der Wissenschaft

die geneesheer, die regsgeleerde, die priester, die digter en die man van die wetenskap

Sie hat diese ausgezeichneten Arbeiter in ihre bezahlten Lohnarbeiter verwandelt

dit het hierdie vooraanstaande werkers in sy betaalde loonarbeiders omskep

Die Bourgeoisie hat der Familie den sentimentalen Schleier weggerissen

Die bourgeoisie het die sentimentele sluier van die gesin weggeruk

Und sie hat das Familienverhältnis auf ein bloßes Geldverhältnis reduziert

en dit het die familieverhouding tot 'n blote geldverhouding verminder

die brutale Zurschaustellung der Kraft im Mittelalter, die die Reaktionäre so sehr bewundern

die wrede vertoning van krag in die Middeleeue wat reaksioniste so bewonder

Auch diese fand ihre passende Ergänzung in der trägesten Trägheit

Selfs dit het sy gepaste aanvulling gevind in die mees lui traagheid

Die Bourgeoisie hat enthüllt, wie es dazu gekommen ist

Die bourgeoisie het bekend gemaak hoe dit alles gebeur het

Die Bourgeoisie war die erste, die gezeigt hat, was die Tätigkeit des Menschen bewirken kann

Die bourgeoisie was die eerste om te wys wat die mens se aktiwiteit kan teweegbring

Sie hat Wunder vollbracht, die ägyptische Pyramiden, römische Aquädukte und gotische Kathedralen bei weitem übertreffen

Dit het wonders verrig wat Egiptiese piramides, Romeinse akwadukte en Gotiese katedrale ver oortref het

und sie hat Expeditionen durchgeführt, die alle früheren Auszüge von Nationen und Kreuzzügen in den Schatten stellten

en dit het ekspedisies uitgevoer wat alle voormalige uittogte van nasies en kruistogte in die skaduwee geplaas het

Die Bourgeoisie kann nicht existieren, ohne die Produktionsmittel ständig zu revolutionieren

Die bourgeoisie kan nie bestaan sonder om voortdurend 'n rewolusie in die produksie-instrumente te maak nie

und damit kann sie nicht ohne ihre Beziehungen zur Produktion existieren

en daardeur kan dit nie bestaan sonder sy verhoudings tot produksie nie

und deshalb kann sie nicht ohne ihre Beziehungen zur Gesellschaft existieren

en daarom kan dit nie bestaan sonder sy verhoudings met die samelewing nie

Alle früheren Industrieklassen hatten eine Bedingung gemeinsam

Alle vroeëre industriële klasse het een toestand gemeen

Sie setzten auf die Bewahrung der alten Produktionsweisen

hulle het staatgemaak op die behoud van die ou produksiemetodes

aber die Bourgeoisie brachte eine völlig neue Dynamik mit sich

maar die bourgeoisie het 'n heeltemal nuwe dinamiek meegebring

Ständige Revolutionierung der Produktion und ununterbrochene Störung aller gesellschaftlichen Verhältnisse

Voortdurende rewolusie van produksie en ononderbroke versteuring van alle sosiale toestande

diese immerwährende Unsicherheit und Unruhe unterscheidet die Epoche der Bourgeoisie von allen früheren

hierdie ewige onsekerheid en agitasie onderskei die Bourgeoisie-tydperk van alle vroeëre

Die bisherigen Beziehungen zur Produktion waren mit alten und ehrwürdigen Vorurteilen und Meinungen verbunden

Vorige verhoudings met produksie het gekom met antieke en eerbiedwaardige vooroordele en opinies

Aber all diese festgefahrenen, eingefrorenen Beziehungen werden hinweggefegt

Maar al hierdie vaste, vinnig bevrore verhoudings word weggevee

Alle neu gebildeten Verhältnisse werden antiquiert, bevor sie erstarren können

Alle nuutgevormde verhoudings word verouderd voordat hulle kan versteen

Alles, was fest ist, zerschmilzt in Luft, und alles, was heilig ist, wird entweiht

Alles wat solied is, smelt in lug, en alles wat heilig is, word ontheilig

Der Mensch ist endlich gezwungen, mit nüchternen Sinnen seinen wirklichen Lebensbedingungen ins Auge zu sehen

Die mens word uiteindelik verplig om sy werklike lewensomstandighede met nugter sintuie in die gesig te staar

und er ist gezwungen, sich seinen Beziehungen zu seinesgleichen zu stellen

en hy is verplig om sy verhoudings met sy soort in die gesig te staar

Die Bourgeoisie muss ständig ihre Märkte für ihre Produkte erweitern

Die bourgeoisie moet voortdurend sy markte vir sy produkte uitbrei

und deshalb wird die Bourgeoisie über die ganze Erdoberfläche gejagt

en as gevolg hiervan word die bourgeoisie oor die hele oppervlak van die aardbol gejaag

Die Bourgeoisie muss sich überall einnisten, sich überall niederlassen, überall Verbindungen herstellen

Die bourgeoisie moet oral nestel, oral vestig, oral verbindings vestig

Die Bourgeoisie muss in jedem Winkel der Welt Märkte schaffen, um sie auszubeuten

Die bourgeoisie moet markte in elke uithoek van die wêreld skep om uit te buit

Die Produktion und der Konsum in jedem Land haben einen kosmopolitischen Charakter erhalten

Die produksie en verbruik in elke land het 'n kosmopolitiese karakter gekry

der Verdruss der Reaktionäre ist mit Händen zu greifen, aber er hat sich trotzdem fortgesetzt

die ergernis van reaksioniste is tasbaar, maar dit het ongeag voortgegaan

Die Bourgeoisie hat der Industrie den nationalen Boden, auf dem sie stand, unter den Füßen weggezogen

Die bourgeoisie het die nasionale grond waarop dit gestaan het, onder die voete van die nywerheid weggetrek

Alle alteingesessenen nationalen Industrien sind zerstört worden oder werden täglich zerstört

Alle ou gevestigde nasionale nywerhede is vernietig, of word daagliks vernietig

Alle alteingesessenen nationalen Industrien werden durch neue Industrien verdrängt

Alle ou-gevestigde nasionale nywerhede word deur nuwe nywerhede verdryf

Ihre Einführung wird zu einer Frage von Leben und Tod für alle zivilisierten Völker

Die bekendstelling daarvan word 'n kwessie van lewe en dood vir alle beskaafde nasies

Sie werden von Industrien verdrängt, die keine heimischen Rohstoffe mehr verarbeiten

hulle word verdryf deur nywerhede wat nie meer inheemse grondstowwe opwerk nie

Stattdessen beziehen diese Industrien Rohstoffe aus den entlegensten Zonen

In plaas daarvan trek hierdie nywerhede grondstowwe uit die afgeleë gebiede

Industrien, deren Produkte nicht nur zu Hause, sondern in allen Teilen der Welt konsumiert werden

nywerhede waarvan die produkte nie net tuis verbruik word nie, maar in elke kwartaal van die wêreld

An die Stelle der alten Bedürfnisse, die durch die Erzeugnisse des Landes befriedigt werden, treten neue Bedürfnisse

In die plek van die ou behoeftes, bevredig deur die produksies van die land, vind ons nuwe behoeftes

Diese neuen Bedürfnisse bedürfen zu ihrer Befriedigung der Produkte aus fernen Ländern und Klimazonen

Hierdie nuwe behoeftes vereis vir hul bevrediging die produkte van verre lande en klimaat

An die Stelle der alten lokalen und nationalen Abgeschiedenheit und Selbstversorgung tritt der Handel

In die plek van die ou plaaslike en nasionale afsondering en selfvoorsiening, het ons handel

internationaler Austausch in alle Richtungen; universelle Interdependenz der Nationen

internasionale uitruil in elke rigting; Universele interafhanklikheid van nasies

Und so wie wir von Materialien abhängig sind, so sind wir von der intellektuellen Produktion abhängig

en net soos ons afhanklik is van materiale, so is ons afhanklik van intellektuele produksie

Die geistigen Schöpfungen der einzelnen Nationen werden zum Gemeingut

Die intellektuele skeppings van individuele nasies word gemeenskaplike eiendom

Nationale Einseitigkeit und Engstirnigkeit werden immer unmöglicher

Nasionale eensydigheid en bekrompenheid word al hoe meer onmoontlik

Und aus den zahlreichen nationalen und lokalen Literaturen entsteht eine Weltliteratur

en uit die talle nasionale en plaaslike literatuur ontstaan daar 'n wêreldliteratuur

durch die rasche Verbesserung aller Produktionsmittel

deur die vinnige verbetering van alle produksie-instrumente

durch die immens erleichterten Kommunikationsmittel

deur die uiters gefasiliteerde kommunikasiemiddele

Die Bourgeoisie zieht alle (auch die barbarischsten Nationen) in die Zivilisation hinein

Die bourgeoisie trek almal (selfs die mees barbaarse nasies) in die beskawing in

Die billigen Preise seiner Waren; die schwere Artillerie, die alle chinesischen Mauern niederreißt

Die goedkoop pryse van sy kommoditeite; die swaar artillerie wat alle Chinese mure afslaan

Der hartnäckige Fremdenhass der Barbaren wird zur Kapitulation gezwungen

Die barbare se intens hardnekkige haat vir buitelanders word gedwing om te kapituleer

Sie zwingt alle Nationen, unter Androhung des Aussterbens, die Bourgeoisie Produktionsweise anzunehmen

Dit dwing alle nasies, op straffe van uitwissing, om die bourgeoisie se produksiewyse aan te neem

Sie zwingt sie, das, was sie Zivilisation nennt, in ihre Mitte einzuführen

dit dwing hulle om wat dit beskawing noem in hul midde in te voer

Die Bourgeoisie zwingt die Barbaren, selbst zur Bourgeoisie zu werden

Die bourgeoisie dwing die barbare om self bourgeoisie te word

mit einem Wort, die Bourgeoisie schafft sich eine Welt nach ihrem Bilde

in 'n woord, die bourgeoisie skep 'n wêreld na sy eie beeld

Die Bourgeoisie hat das Land der Herrschaft der Städte unterworfen

Die bourgeoisie het die platteland aan die heerskappy van die dorpe onderwerp

Sie hat riesige Städte geschaffen und die Stadtbevölkerung stark vergrößert

Dit het enorme stede geskep en die stedelike bevolking aansienlik vergroot

Sie rettete einen beträchtlichen Teil der Bevölkerung vor der Idiotie des Landlebens

dit het 'n aansienlike deel van die bevolking gered van die idiotie van die plattelandse lewe

Aber sie hat die Menschen auf dem Lande von den Städten abhängig gemacht

maar dit het diegene op die platteland afhanklik gemaak van die dorpe

Und ebenso hat sie die barbarischen Länder von den zivilisierten abhängig gemacht

en net so het dit die barbaarse lande afhanklik gemaak van die beskaafdes

Bauernnationen gegen Völker der Bourgeoisie, Osten gegen Westen

nasies van boere op nasies van bourgeoisie, die ooste op die weste

Die Bourgeoisie beseitigt den zerstreuten Zustand der Bevölkerung mehr und mehr

Die bourgeoisie doen meer en meer weg met die verspreide toestand van die bevolking

Sie hat die Produktion agglomeriert und das Eigentum in wenigen Händen konzentriert

Dit het produksie geagglomereerde en het eiendom in 'n paar hande gekonsentreer

Die notwendige Konsequenz daraus war eine politische Zentralisierung

Die noodsaaklike gevolg hiervan was politieke sentralisasie

Es gab unabhängige Nationen und lose miteinander verbundene Provinzen

daar was onafhanklike nasies en losweg verbonde provinsies

Sie hatten getrennte Interessen, Gesetze, Regierungen und Steuersysteme

hulle het afsonderlike belange, wette, regerings en belastingstelsels gehad

Aber sie sind zu einer Nation zusammengeschmolzen, mit einer Regierung

maar hulle het saamgevoeg in een nasie, met een regering

Sie haben jetzt ein nationales Klasseninteresse, eine Grenze und einen Zolltarif

Hulle het nou een nasionale klassebelang, een grens en een doeanetarief

Und dieses nationale Klasseninteresse ist unter einem Gesetzbuch vereinigt

en hierdie nasionale klassebelang is verenig onder een wetskode

die Bourgeoisie hat während ihrer knapp hundertjährigen Herrschaft viel erreicht

die bourgeoisie het baie bereik tydens sy heerskappy van skaars honderd jaar

massivere und kolossalere Produktivkräfte als alle vorhergehenden Generationen zusammen

meer massiewe en kolossale produktiewe kragte as al die vorige geslagte saam

Die Kräfte der Natur sind dem Willen des Menschen und seiner Maschinerie unterworfen

Die natuur se kragte is onderwerp aan die wil van die mens en sy masjinerie

Die Chemie wird auf alle Industrieformen und Landwirtschaftsformen angewendet

Chemie word toegepas op alle vorme van nywerheid en soorte landbou

Dampfschiffahrt, Eisenbahnen, elektrische Telegraphen und die Druckerpresse

stoomnavigasie, spoorweë, elektriese telegrawe en die drukpers

Rodung ganzer Kontinente für den Anbau, Kanalisierung von Flüssen

skoonmaak van hele vastelande vir verbouing, kanalisering van riviere

ganze Populationen wurden aus dem Boden gezaubert und an die Arbeit gebracht

Hele bevolkings is uit die grond getower en aan die werk gesit

Welches frühere Jahrhundert hatte auch nur eine Ahnung von dem, was entfesselt werden könnte?

Watter vroeëre eeu het selfs 'n voorgevoel gehad van wat ontketen kon word?

Wer hat vorausgesagt, dass solche Produktivkräfte im Schoß der gesellschaftlichen Arbeit schlummern?

Wie het voorspel dat sulke produktiewe kragte in die skoot van sosiale arbeid sluimer?

Wir sehen also, daß die Produktions- und Tauschmittel in der feudalen Gesellschaft erzeugt wurden

Ons sien dan dat die produksie- en ruilmiddele in die feodale samelewing gegenereer is

die Produktionsmittel, auf deren Grundlage sich die Bourgeoisie aufbaute

die produksiemiddele op wie se fondament die bourgeoisie
homself opgebou het

**Auf einer bestimmten Stufe der Entwicklung dieser
Produktions- und Tauschmittel**

Op 'n sekere stadium in die ontwikkeling van hierdie
produksie- en ruilmiddele

**die Bedingungen, unter denen die feudale Gesellschaft
produzierte und tauschte**

Die omstandighede waaronder die feodale samelewing
geproduseer en uitgeruil het

**Die feudale Organisation der Landwirtschaft und des
verarbeitenden Gewerbes**

Die feodale organisasie van landbou en vervaardigingsbedryf

**Die feudalen Eigentumsverhältnisse waren mit den
materiellen Verhältnissen nicht mehr vereinbar**

Die feodale verhoudings van eiendom was nie meer
versoenbaar met die materiële toestande nie

**Sie mussten gesprengt werden, also wurden sie
auseinandergesprengt**

Hulle moes uitmekaar gebars word, so hulle is uitmekaar
gebars

An ihre Stelle trat die freie Konkurrenz der Produktivkräfte

In hul plek het die vrye mededinging van die produktiewe kragte
gestap

**Und sie wurden von einer ihr angepassten sozialen und
politischen Verfassung begleitet**

en hulle het gepaard gegaan met 'n sosiale en politieke
grondwet wat daarby aangepas is

**und sie wurde begleitet von der ökonomischen und
politischen Herrschaft der Bourgeoisie Klasse**

en dit het gepaard gegaan met die ekonomiese en politieke
invloed van die bourgeoisieklas

**Eine ähnliche Bewegung vollzieht sich vor unseren eigenen
Augen**

'n Soortgelyke beweging is aan die gang voor ons eie oë

Die moderne Bourgeoisie Gesellschaft mit ihren Produktions-, Tausch- und Eigentumsverhältnissen

Moderne bourgeoisie-samelewing met sy produksie-, ruil- en eiendomsverhoudinge

eine Gesellschaft, die so gigantische Produktions- und Tauschmittel heraufbeschworen hat

'n samelewing wat sulke reusagtige produksie- en ruilmiddele opgetower het

Es ist wie der Zauberer, der die Mächte der Unterwelt heraufbeschworen hat

Dit is soos die towenaar wat die magte van die onderwêreld opgeroep het

Aber er ist nicht mehr in der Lage, zu kontrollieren, was er in die Welt gebracht hat

maar hy is nie meer in staat om te beheer wat hy in die wêreld gebring het nie

Viele Jahrzehnte lang war die vergangene Geschichte durch einen roten Faden miteinander verbunden

Vir baie dekades was die geskiedenis van die verlede deur 'n gemeenskaplike draad saamgebind

Die Geschichte der Industrie und des Handels ist nichts anderes als die Geschichte der Revolten

Die geskiedenis van nywerheid en handel was maar net die geskiedenis van opstande

die Revolten der modernen Produktivkräfte gegen die modernen Produktionsbedingungen

Die opstande van moderne produktiewe kragte teen moderne produksietoestande

die Revolten der modernen Produktivkräfte gegen die Eigentumsverhältnisse

Die opstande van moderne produktiewe kragte teen eiendomsverhoudinge

diese Eigentumsverhältnisse sind die Bedingungen für die Existenz der Bourgeoisie

hierdie eiendomsverhoudinge is die voorwaardes vir die bestaan van die bourgeoisie

und die Existenz der Bourgeoisie bestimmt die Regeln der Eigentumsverhältnisse

en die bestaan van die bourgeoisie bepaal die reëls vir eiendomsverhoudinge

Es genügt, die periodische Wiederkehr von Handelskrisen zu erwähnen

Dit is genoeg om die periodieke terugkeer van kommersiële krisisse te noem

jede Handelskrise ist für die Bourgeoisie Gesellschaft bedrohlicher als die letzte

elke kommersiële krisis is meer bedreigend vir die bourgeoisie-samelewing as die vorige

In diesen Krisen wird ein großer Teil der bestehenden Produkte vernichtet

In hierdie krisisse word 'n groot deel van die bestaande produkte vernietig

Diese Krisen zerstören aber auch die zuvor geschaffenen Produktivkräfte

Maar hierdie krisisse vernietig ook die voorheen geskepte produktiewe kragte

In allen früheren Epochen wären diese Epidemien als Absurdität erschienen

In alle vroeëre tydperke sou hierdie epidemies 'n absurditeit gelyk het

denn diese Epidemien sind die kommerziellen Krisen der Überproduktion

Omdat hierdie epidemies die kommersiële krisisse van oorproduksie is

Die Gesellschaft befindet sich plötzlich wieder in einem Zustand der momentanen Barbarei

Die samelewing bevind hom skielik weer in 'n toestand van kortstondige barbaarsheid

als ob ein allgemeiner Verwüstungskrieg jede Möglichkeit des Lebensunterhalts abgeschnitten hätte

asof 'n universele oorlog van verwoesting elke bestaansmiddel afgesny het

Industrie und Handel scheinen zerstört worden zu sein; Und warum?

Dit lyk asof nywerheid en handel vernietig is; en hoekom?

Weil es zu viel Zivilisation und Subsistenzmittel gibt

Omdat daar te veel beskawing en bestaansmiddele is

Und weil es zu viel Industrie und zu viel Handel gibt

en omdat daar te veel nywerheid en te veel handel is

Die Produktivkräfte, die der Gesellschaft zur Verfügung stehen, entwickeln nicht mehr das Bourgeoisie Eigentum

Die produktiewe kragte tot die beskikking van die samelewing ontwikkel nie meer bourgeoisie-eiendom nie

im Gegenteil, sie sind zu mächtig geworden für diese Verhältnisse, durch die sie gefesselt sind

inteendeel, hulle het te magtig geword vir hierdie toestande, waardeur hulle vasgebind is

sobald sie diese Fesseln überwunden haben, bringen sie Unordnung in die ganze Bourgeoisie Gesellschaft

sodra hulle hierdie boeie oorkom, bring hulle wanorde in die hele bourgeoisie-samelewing

und die Produktivkräfte gefährden die Existenz des Bourgeoisie Eigentums

en die produktiewe kragte stel die bestaan van bourgeoisie-eiendom in gevaar

Die Bedingungen der Bourgeoisie Gesellschaft sind zu eng, um den von ihnen geschaffenen Reichtum zu erfassen

Die toestande van die bourgeoisie-samelewing is te eng om die rykdom wat daardeur geskep word, te omvat.

Und wie überwindet die Bourgeoisie diese Krisen?

En hoe kom die bourgeoisie oor hierdie krisisse?

Einerseits überwindet sie diese Krisen durch die erzwungene Vernichtung einer Masse von Produktivkräften

Aan die een kant oorkom dit hierdie krisisse deur die gedwonge vernietiging van 'n massa produktiewe kragte

Andererseits überwindet sie diese Krisen durch die Eroberung neuer Märkte

Aan die ander kant oorkom dit hierdie krisisse deur die verowering van nuwe markte

Und sie überwindet diese Krisen durch die gründlichere Ausbeutung der alten Produktivkräfte

en dit oorkom hierdie krisisse deur die deegliker uitbuiting van die ou produksiekragte

Das heißt, indem sie den Weg für umfangreichere und zerstörerischere Krisen ebnen

Dit wil sê deur die weg te baan vir meer uitgebreide en meer vernietigende krisisse

Sie überwindet die Krise, indem sie die Mittel zur Krisenprävention einschränkt

dit oorkom die krisis deur die middele te verminder waardeur krisisse voorkom word

Die Waffen, mit denen die Bourgeoisie den Feudalismus zu Fall brachte, sind jetzt gegen sich selbst gerichtet

Die wapens waarmee die bourgeoisie feodalisme op die grond afgekap het, is nou teen homself gedraai

Aber die Bourgeoisie hat nicht nur die Waffen geschmiedet, die sich selbst den Tod bringen

Maar nie net het die bourgeoisie die wapens gesmee wat die dood oor homself bring nie

Sie hat auch die Männer ins Leben gerufen, die diese Waffen führen sollen

dit het ook die manne wat daardie wapens moet swaai, tot stand gebring

Und diese Männer sind die moderne Arbeiterklasse; Sie sind die Proletarier

en hierdie mans is die moderne werkersklas; hulle is die proletariërs

In dem Maße, wie die Bourgeoisie entwickelt ist, entwickelt sich auch das Proletariat

In dieselfde mate as die bourgeoisie ontwikkel word, word die proletariaat in dieselfde verhouding ontwikkel

Die moderne Arbeiterklasse entwickelte eine Klasse von Arbeitern

Die moderne werkersklas het 'n klas arbeiders ontwikkel

Diese Klasse von Arbeitern lebt nur so lange, wie sie Arbeit findet

Hierdie klas arbeiders leef net solank hulle werk kry

Und sie finden nur so lange Arbeit, wie ihre Arbeit das Kapital vermehrt

en hulle kry slegs werk solank hul arbeid kapitaal vermeerder

Diese Arbeiter, die sich stückweise verkaufen müssen, sind eine Ware

Hierdie arbeiders, wat hulself stuksgewys moet verkoop, is 'n kommoditeit

Diese Arbeiter sind wie jeder andere Handelsartikel

Hierdie arbeiders is soos elke ander handelsartikel

und sie sind folglich allen Wechselfällen des Wettbewerbs ausgesetzt

en hulle word gevolglik blootgestel aan al die wisselvalligheid van mededinging

Sie müssen alle Schwankungen des Marktes überstehen

hulle moet al die skommelinge van die mark deurstaan

Aufgrund des umfangreichen Maschineneinsatzes und der Arbeitsteilung

As gevolg van die uitgebreide gebruik van masjinerie en arbeidsverdeling

Die Arbeit der Proletarier hat jeden individuellen Charakter verloren

Die werk van die proletariërs het alle individuele karakter verloor

Und folglich hat die Arbeit der Proletarier für den Arbeiter jeden Reiz verloren

en gevolglik het die werk van die proletariërs alle sjarme vir die werker verloor

Er wird zu einem Anhängsel der Maschine und nicht mehr zu dem Mann, der er einmal war

Hy word 'n aanhangsel van die masjien, eerder as die man wat hy eens was

Nur das einfachste, eintönigste und am leichtesten zu erwerbende Geschick wird von ihm verlangt

Slegs die eenvoudigste, eentonigste en maklikste vaardigheid word van hom vereis

Daher sind die Produktionskosten eines Arbeiters begrenzt

Daarom is die produksiekoste van 'n werker beperk

sie beschränkt sich fast ausschließlich auf die Mittel zur Bestreitung des Lebensunterhalts, die er zu seinem Unterhalt benötigt

dit is byna geheel en al beperk tot die bestaansmiddele wat hy benodig vir sy onderhoud

und sie beschränkt sich auf die Subsistenzmittel, die er zur Fortpflanzung seiner Rasse benötigt

en dit is beperk tot die bestaansmiddele wat hy benodig vir die voortplanting van sy ras

Aber der Preis einer Ware, also auch der Arbeit, ist gleich ihren Produktionskosten

Maar die prys van 'n kommoditeit, en dus ook van arbeid, is gelyk aan sy produksiekoste

In dem Maße also, wie die Widerwärtigkeit der Arbeit zunimmt, sinkt der Lohn

In verhouding daarom, namate die afstootlikheid van die werk toeneem, daal die loon

Ja, die Widerwärtigkeit seiner Arbeit nimmt sogar noch mehr zu

Nee, die afstootlikheid van sy werk neem selfs vinniger toe

In dem Maße, wie der Einsatz von Maschinen und die Arbeitsteilung zunehmen, steigt auch die Last der Arbeit

Namate die gebruik van masjinerie en arbeidsverdeling toeneem, neem die las van arbeid ook toe

Die Arbeitsbelastung wird durch die Verlängerung der Arbeitszeit erhöht

Die las van swoeg word verhoog deur verlenging van die werksure

Dem Arbeiter wird in der gleichen Zeit mehr zugemutet als zuvor

meer word van die arbeider verwag in dieselfde tyd as voorheen

Und natürlich wird die Last der Arbeit durch die Geschwindigkeit der Maschinerie erhöht

en natuurlik word die las van die swoeg verhoog deur die spoed van die masjinerie

Die moderne Industrie hat die kleine Werkstatt des patriarchalischen Meisters in die große Fabrik des industriellen Kapitalisten verwandelt

Die moderne nywerheid het die klein werkswinkel van die patriargale meester omskep in die groot fabriek van die industriële kapitalis

Massen von Arbeitern, die in die Fabrik gedrängt sind, sind wie Soldaten organisiert

Massas arbeiders, saamgedrom in die fabriek, is soos soldate georganiseer

Als Gefreite der Industriearmee stehen sie unter dem Kommando einer vollkommenen Hierarchie von Offizieren und Unteroffizieren

As privaat van die industriële leër word hulle onder bevel geplaas van 'n perfekte hiërargie van offisiere en sersante

sie sind nicht nur die Sklaven der Bourgeoisie und des Staates

hulle is nie net die slawe van die bourgeoisieklas en staat nie

Aber sie werden auch täglich und stündlich von der Maschine versklavt

maar hulle word ook daagliks en uurliks deur die masjien verslaaf

sie sind Sklaven des Aufsehers und vor allem des einzelnen Bourgeoisie Fabrikanten selbst

hulle word verslaaf deur die toeskouer, en bowenal deur die individuele bourgeoisie-vervaardiger self

Je offener dieser Despotismus den Gewinn als seinen Zweck und sein Ziel proklamiert, desto kleinlicher, verhaßter und verbitterender ist er

Hoe meer openlik hierdie despotisme verkondig dat wins sy doel en doel is, hoe meer kleinlik, hoe meer haatlik en hoe meer bitter is dit

Je mehr sich die moderne Industrie entwickelt, desto geringer sind die Unterschiede zwischen den Geschlechtern

hoe meer moderne nywerhede ontwikkel word, hoe minder is die verskille tussen die geslagte

Je geringer die Geschicklichkeit und Kraftanstrengung der Handarbeit ist, desto mehr wird die Arbeit der Männer von der der Frauen verdrängt

Hoe minder die vaardigheid en kraginspanning wat in handearbeid geïmpliseer word, hoe meer word die arbeid van mans vervang deur dié van vroue

Alters- und Geschlechtsunterschiede haben für die Arbeiterklasse keine besondere gesellschaftliche Gültigkeit mehr

Verskille in ouderdom en geslag het nie meer enige kenmerkende sosiale geldigheid vir die werkersklas nie

Alle sind Arbeitsinstrumente, die je nach Alter und Geschlecht mehr oder weniger teuer zu gebrauchen sind

Almal is arbeidsinstrumente, min of meer duur om te gebruik, volgens hul ouderdom en geslag

sobald der Arbeiter seinen Lohn in bar erhält, wird er von den übrigen Teilen der Bourgeoisie angegriffen

sodra die arbeider sy loon in kontant ontvang, word hy deur die ander dele van die bourgeoisie aangepak

der Vermieter, der Ladenbesitzer, der Pfandleiher usw

die verhuurder, die winkelier, die pandjiesmakelaar, ens

Die unteren Schichten der Mittelschicht; die kleinen Handwerker und Ladenbesitzer

Die laer lae van die middelklas; die klein ambagsmanne en winkeliers

die pensionierten Gewerbetreibenden überhaupt, die Handwerker und Bauern

die afgetrede ambagsmanne in die algemeen, en die vakmanne en boere

all dies sinkt allmählich in das Proletariat ein
al hierdie sink geleidelik in die proletariaat
theils deshalb, weil ihr winziges Kapital nicht ausreicht für den Maßstab, in dem die moderne Industrie betrieben wird
deels omdat hul klein kapitaal nie voldoende is vir die skaal waarop die moderne nywerheid bedryf word nie
und weil sie in der Konkurrenz mit den Großkapitalisten überschwemmt wird
en omdat dit oorweldig is in die mededinging met die groot kapitaliste
zum Teil deshalb, weil ihr spezialisiertes Können durch die neuen Produktionsmethoden wertlos wird
deels omdat hul gespesialiseerde vaardigheid waardeloos gemaak word deur die nuwe produksiemetodes
So rekrutiert sich das Proletariat aus allen Klassen der Bevölkerung
So word die proletariaat uit alle klasse van die bevolking gewerf
Das Proletariat durchläuft verschiedene Entwicklungsstufen
Die proletariaat gaan deur verskeie stadiums van ontwikkeling
Mit ihrer Geburt beginnt der Kampf mit der Bourgeoisie
Met sy geboorte begin sy stryd met die bourgeoisie
Zuerst wird der Kampf von einzelnen Arbeitern geführt
Aanvanklik word die wedstryd deur individuele arbeiders gevoer
Dann wird der Kampf von den Arbeitern einer Fabrik ausgetragen
Dan word die wedstryd deur die werkers van 'n fabriek gevoer
Dann wird der Kampf von den Arbeitern eines Gewerbes an einem Ort ausgetragen
dan word die wedstryd gevoer deur die operateurs van een ambag, op een plek
und der Kampf richtet sich dann gegen die einzelne Bourgeoisie, die sie direkt ausbeutet

en die stryd is dan teen die individuele bourgeoisie wat hulle direk uitbuit

Sie richten ihre Angriffe nicht gegen die Bourgeoisie Produktionsbedingungen

Hulle rig hul aanvalle nie teen die produksietoestande van die bourgeoisie nie

aber sie richten ihren Angriff gegen die Produktionsmittel selbst

maar hulle rig hul aanval teen die produksie-instrumente self

Sie vernichten importierte Waren, die mit ihrer Arbeitskraft konkurrieren

hulle vernietig ingevoerde ware wat met hul arbeid meeding

Sie zertrümmern Maschinen und setzen Fabriken in Brand

hulle breek masjinerie stukkend en hulle steek fabrieke aan die brand

sie versuchen, den verschwundenen Status des Arbeiters des Mittelalters mit Gewalt wiederherzustellen

hulle poog om die verdwynde status van die werker van die Middeleeue met geweld te herstel

In diesem Stadium bilden die Arbeiter noch eine unzusammenhängende Masse, die über das ganze Land verstreut ist

Op hierdie stadium vorm die arbeiders steeds 'n onsamehangende massa wat oor die hele land versprei is

und sie werden durch ihre gegenseitige Konkurrenz zerrissen

en hulle word verbreek deur hul wedersydse mededinging

Wenn sie sich irgendwo zu kompakteren Körpern vereinigen, so ist dies noch nicht die Folge ihrer eigenen aktiven Vereinigung

As hulle êrens verenig om meer kompakte liggame te vorm, is dit nog nie die gevolg van hul eie aktiewe vereniging nie

aber es ist eine Folge der Vereinigung der Bourgeoisie, ihre eigenen politischen Ziele zu erreichen

maar dit is 'n gevolg van die vereniging van die bourgeoisie, om sy eie politieke doelwitte te bereik

die Bourgeoisie ist gezwungen, das ganze Proletariat in Bewegung zu setzen

die bourgeoisie is verplig om die hele proletariaat aan die gang te sit

und überdies ist die Bourgeoisie eine Zeitlang dazu in der Lage

en boonop is die bourgeoisie vir 'n tyd in staat om dit te doen

In diesem Stadium kämpfen die Proletarier also nicht gegen ihre Feinde

Op hierdie stadium veg die proletariërs dus nie teen hul vyande nie

Stattdessen kämpfen sie gegen die Feinde ihrer Feinde

maar in plaas daarvan veg hulle teen die vyande van hul vyande

Der Kampf gegen die Überreste der absoluten Monarchie und die Großgrundbesitzer

Die stryd teen die oorblyfsels van die absolute monargie en die grondeienaars

sie bekämpfen die nicht-industrielle Bourgeoisie; das Kleiliche Bourgeoisie

hulle veg teen die nie-industriële bourgeoisie; die kleinburgery

So ist die ganze historische Bewegung in den Händen der Bourgeoisie konzentriert

Die hele historiese beweging is dus in die hande van die bourgeoisie gekonsentreer

jeder so errungene Sieg ist ein Sieg der Bourgeoisie

elke oorwinning wat so behaal word, is 'n oorwinning vir die bourgeoisie

Aber mit der Entwicklung der Industrie wächst nicht nur die Zahl des Proletariats

Maar met die ontwikkeling van die nywerheid neem die proletariaat nie net toe nie

das Proletariat konzentriert sich in größeren Massen und seine Kraft wächst

die proletariaat word in groter massas gekonsentreer en sy krag groei

und das Proletariat spürt diese Kraft mehr und mehr

en die proletariaat voel daardie krag meer en meer

Die verschiedenen Interessen und Lebensbedingungen in den Reihen des Proletariats gleichen sich mehr und mehr an

Die verskillende belange en lewensomstandighede binne die geledere van die proletariaat word al hoe meer gelyk gemaak

sie werden in dem Maße größer, wie die Maschinerie alle Unterschiede der Arbeit verwischt

hulle word meer in verhouding namate masjinerie alle onderskeidings van arbeid uitwis

Und die Maschinen senken fast überall die Löhne auf das gleiche niedrige Niveau

en masjinerie byna oral verlaag lone tot dieselfde lae vlak

Die wachsende Konkurrenz der Bourgeoisie und die daraus resultierenden Handelskrisen lassen die Löhne der Arbeiter immer schwankender

Die groeiende mededinging onder die bourgeoisie, en die gevolglike kommersiële krisisse, maak die lone van die werkers al hoe meer wisselend

Die unaufhörliche Verbesserung der sich immer schneller entwickelnden Maschinen macht ihren Lebensunterhalt immer prekärer

Die onophoudelike verbetering van masjinerie, wat al hoe vinniger ontwikkel, maak hul bestaan al hoe meer onseker

die Kollisionen zwischen einzelnen Arbeitern und einzelnen Bourgeoisien nehmen immer mehr den Charakter von Zusammenstößen zwischen zwei Klassen an

die botsings tussen individuele werkers en individuele bourgeoisie neem meer en meer die karakter van botsings tussen twee klasse aan

Darauf beginnen die Arbeiter, sich gegen die Bourgeoisie zu verbünden (Gewerkschaften)

Daarna begin die werkers kombinasies (vakbonde) teen die bourgeoisie vorm

Sie schließen sich zusammen, um die Löhne hoch zu halten
hulle klub saam om die loonkoers te handhaaf
sie gründeten ständige Vereinigungen, um für diese
gelegentlichen Revolten im voraus Vorsorge zu treffen
hulle het permanente verenigings gevind om vooraf
voorsiening te maak vir hierdie af en toe opstande
Hier und da bricht der Wettkampf in Ausschreitungen aus
Hier en daar breek die wedstryd uit in onluste
Hin und wieder siegen die Arbeiter, aber nur für eine
gewisse Zeit
Nou en dan seëvier die werkers, maar net vir 'n tyd
Die wirkliche Frucht ihrer Kämpfe liegt nicht in den
unmittelbaren Ergebnissen, sondern in der immer größer
werdenden Vereinigung der Arbeiter
Die werklike vrug van hul gevegte lê nie in die onmiddellike
resultaat nie, maar in die steeds groeiende vakbond van die
werkers
Diese Vereinigung wird durch die verbesserten
Kommunikationsmittel unterstützt, die von der modernen
Industrie geschaffen werden
Hierdie vakbond word aangehelp deur die verbeterde
kommunikasiemiddele wat deur die moderne nywerheid
geskep word
Die moderne Kommunikation bringt die Arbeiter
verschiedener Orte miteinander in Kontakt
Moderne kommunikasie plaas die werkers van verskillende
plekke in kontak met mekaar
Es war gerade dieser Kontakt, der nötig war, um die
zahlreichen lokalen Kämpfe zu einem nationalen Kampf
zwischen den Klassen zu zentralisieren
Dit was juis hierdie kontak wat nodig was om die talle
plaaslike stryd in een nasionale stryd tussen klasse te
sentraliseer
Alle diese Kämpfe haben den gleichen Charakter, und jeder
Klassenkampf ist ein politischer Kampf

Al hierdie stryd is van dieselfde karakter, en elke klassestryd is 'n politieke stryd

die Bürger des Mittelalters mit ihren elenden Landstraßen brauchten Jahrhunderte, um ihre Vereinigungen zu bilden

die burgers van die Middeleeue, met hul ellendige snelweë, het eeue nodig gehad om hul vakbonde te vorm

Die modernen Proletarier erreichen dank der Eisenbahn ihre Gewerkschaften innerhalb weniger Jahre

Die moderne proletariërs bereik, danksy spoorweë, hul vakbonde binne 'n paar jaar

Diese Organisation der Proletarier zu einer Klasse formte sie folglich zu einer politischen Partei

Hierdie organisasie van die proletariërs in 'n klas het hulle gevolglik in 'n politieke party gevorm

Die politische Klasse wird immer wieder durch die Konkurrenz zwischen den Arbeitern selbst verärgert

Die politieke klas word voortdurend weer ontsteld deur die mededinging tussen die werkers self

Aber die politische Klasse erhebt sich weiter, stärker, fester, mächtiger

Maar die politieke klas gaan voort om weer op te staan, sterker, fermer, magtiger

Er zwingt zur gesetzgeberischen Anerkennung der besonderen Interessen der Arbeitnehmer

Dit dwing wetgewende erkenning van spesifieke belange van die werkers af

sie tut dies, indem sie sich die Spaltungen innerhalb der Bourgeoisie selbst zunutze macht

dit doen dit deur voordeel te trek uit die verdeeldheid onder die bourgeoisie self

Damit wurde das Zehnstundengesetz in England in Kraft gesetzt

So is die tien-uur-wetsontwerp in Engeland in wet gestel

in vielerlei Hinsicht ist der Zusammenstoß zwischen den Klassen der alten Gesellschaft ferner der Entwicklungsgang des Proletariats

in baie opsigte is die botsings tussen die klasse van die ou
samelewing verder die verloop van ontwikkeling van die
proletariaat

Die Bourgeoisie befindet sich in einem ständigen Kampf
Die bourgeoisie bevind hom in 'n voortdurende stryd

**Zuerst wird sie sich in einem ständigen Kampf mit der
Aristokratie wiederfinden**
Aanvanklik sal dit in 'n voortdurende stryd met die
aristokrasie betrokke wees

**später wird sie sich in einem ständigen Kampf mit diesen
Teilen der Bourgeoisie selbst wiederfinden**
later sal dit homself in 'n voortdurende stryd met daardie dele
van die bourgeoisie self bevind

**und ihre Interessen werden dem Fortschritt der Industrie
entgegengesetzt sein**
en hul belange sal antagonisties geword het met die
vooruitgang van die nywerheid

**zu allen Zeiten werden ihre Interessen mit der Bourgeoisie
fremder Länder in Konflikt geraten sein**
te alle tye sal hul belange antagonisties geraak het met die
bourgeoisie van die buiteland

**In allen diesen Kämpfen sieht sie sich genötigt, an das
Proletariat zu appellieren, und bittet es um Hilfe**
In al hierdie gevegte sien hy homself verplig om 'n beroep op
die proletariaat te doen en vra sy hulp

**Und so wird sie sich gezwungen sehen, sie in die politische
Arena zu zerren**
en dus sal dit verplig voel om dit in die politieke arena in te
sleep

**Die Bourgeoisie selbst versorgt also das Proletariat mit ihren
eigenen Instrumenten der politischen und allgemeinen
Erziehung**
Die bourgeoisie self voorsien dus die proletariaat van sy eie
instrumente van politieke en algemene opvoeding

**mit anderen Worten, sie liefert dem Proletariat Waffen für
den Kampf gegen die Bourgeoisie**

met ander woorde, dit voorsien die proletariaat van wapens om die bourgeoisie te beveg

Ferner werden, wie wir schon gesehen haben, ganze Schichten der herrschenden Klassen in das Proletariat hineingestürzt

Verder, soos ons reeds gesien het, word hele dele van die heersende klasse in die proletariaat neergeslaan

der Fortschritt der Industrie saugt sie in das Proletariat hinein

die vooruitgang van die nywerheid suig hulle in die proletariaat in

oder zumindest sind sie in ihren Existenzbedingungen bedroht

of, ten minste, hulle word bedreig in hul bestaansomstandighede

Diese versorgen auch das Proletariat mit frischen Elementen der Aufklärung und des Fortschritts

Dit voorsien ook die proletariaat van vars elemente van verligting en vooruitgang

Endlich, in Zeiten, in denen sich der Klassenkampf der entscheidenden Stunde nähert

Uiteindelik, in tye wanneer die klassestryd die beslissende uur nader

Der Auflösungsprozess innerhalb der herrschenden Klasse

die proses van ontbinding wat binne die heersersklas aan die gang is

In der Tat wird die Auflösung, die sich innerhalb der herrschenden Klasse vollzieht, in der gesamten Bandbreite der Gesellschaft zu spüren sein

trouens, die ontbinding wat binne die heersersklas plaasvind, sal binne die hele omvang van die samelewing gevoel word

Sie wird einen so gewalttätigen, krassen Charakter annehmen, dass ein kleiner Teil der herrschenden Klasse sich selbst abtreibt

dit sal so 'n gewelddadige, opvallende karakter aanneem dat 'n klein deel van die heersersklas homself wegdryf

Und diese herrschende Klasse wird sich der revolutionären Klasse anschließen

en dat die heersersklas by die revolusionêre klas sal aansluit

Die revolutionäre Klasse ist die Klasse, die die Zukunft in ihren Händen hält

die revolusionêre klas is die klas wat die toekoms in sy hande hou

Wie in früheren Zeiten ging ein Teil des Adels zur Bourgeoisie über

Net soos in 'n vroeëre tydperk, het 'n deel van die adel na die bourgeoisie oorgegaan

ebenso wird ein Teil der Bourgeoisie zum Proletariat übergehen

op dieselfde manier sal 'n deel van die bourgeoisie na die proletariaat oorgaan

insbesondere wird ein Teil der Bourgeoisie zu einem Teil der Bourgeoisie Ideologen übergehen

in die besonder sal 'n gedeelte van die bourgeoisie na 'n gedeelte van die bourgeoisie-ideoloë oorgaan

Bourgeoisie Ideologen, die sich auf die Ebene erhoben haben, die historische Bewegung als Ganzes theoretisch zu begreifen

Bourgeoisie-ideoloë wat hulself verhef het tot die vlak om die historiese beweging as geheel teoreties te begryp

Von allen Klassen, die heute der Bourgeoisie gegenüberstehen, ist das Proletariat allein eine wirklich revolutionäre Klasse

Van al die klasse wat vandag van aangesig tot aangesig met die bourgeoisie staan, is die proletariaat alleen 'n werklik revolusionêre klas

Die anderen Klassen zerfallen und verschwinden schließlich im Angesicht der modernen Industrie

Die ander klasse verval en verdwyn uiteindelik in die aangesig van die moderne nywerheid

das Proletariat ist ihr besonderes und wesentliches Produkt

die Proletariaat is sy spesiale en noodsaaklike produk

Die untere Mittelschicht, der kleine Fabrikant, der Ladenbesitzer, der Handwerker, der Bauer

Die laer middelklas, die klein vervaardiger, die winkelier, die ambagsman, die

all diese Kämpfe gegen die Bourgeoisie

al hierdie veg teen die bourgeoisie

Sie kämpfen als Fraktionen der Mittelschicht, um sich vor dem Aussterben zu retten

hulle veg as fraksies van die middelklas om hulself van uitwissing te red

Sie sind also nicht revolutionär, sondern konservativ

Hulle is dus nie revolusionêr nie, maar konserwatief

Ja, mehr noch, sie sind reaktionär, denn sie versuchen, das Rad der Geschichte zurückzudrehen

Nee, hulle is reaksionêr, want hulle probeer die wiel van die geskiedenis terugrol

Wenn sie zufällig revolutionär sind, so sind sie es nur im Hinblick auf ihre bevorstehende Überführung in das Proletariat

As hulle toevallig revolusionêr is, is hulle dit slegs in die lig van hul naderende oorplasing na die proletariaat

Sie verteidigen also nicht ihre gegenwärtigen, sondern ihre zukünftigen Interessen

hulle verdedig dus nie hul hede nie, maar hul toekomstige belange

sie verlassen ihren eigenen Standpunkt, um sich auf den des Proletariats zu stellen

hulle verlaat hul eie standpunt om hulself by dié van die proletariaat te plaas

Die »gefährliche Klasse«, der soziale Abschaum, diese passiv verrottende Masse, die von den untersten Schichten der alten Gesellschaft abgeworfen wird

Die 'gevaarlike klas', die sosiale skuim, daardie passief verrottende massa wat deur die laagste lae van die ou samelewing afgegooi word

sie können hier und da von einer proletarischen Revolution in die Bewegung hineingerissen werden

hulle kan hier en daar deur 'n proletariese rewolusie in die beweging meegesleur word

Seine Lebensbedingungen bereiten ihn jedoch viel mehr auf die Rolle eines bestochenen Werkzeugs reaktionärer Intrigen vor

sy lewensomstandighede berei dit egter baie meer voor vir die rol van 'n omkoopinstrument van reaksionêre intrige

In den Verhältnissen des Proletariats sind die Verhältnisse der alten Gesellschaft im Allgemeinen bereits praktisch überschwemmt

In die omstandighede van die proletariaat is dié van die ou samelewing in die algemeen reeds feitlik oorweldig

Der Proletarier ist ohne Eigentum

Die proletariër is sonder eiendom

sein Verhältnis zu Frau und Kindern hat mit den Familienverhältnissen der Bourgeoisie nichts mehr gemein

sy verhouding met sy vrou en kinders het niks meer gemeen met die Bourgeoisie se familieverhoudinge nie

moderne industrielle Arbeit, moderne Unterwerfung unter das Kapital, dasselbe in England wie in Frankreich, in Amerika wie in Deutschland

moderne industriële arbeid, moderne onderdanigheid aan kapitaal, dieselfde in Engeland as in Frankryk, in Amerika as in Duitsland

Seine Stellung in der Gesellschaft hat ihm jede Spur von nationalem Charakter genommen

Sy toestand in die samelewing het hom van elke spoor van nasionale karakter gestroop

Gesetz, Moral, Religion sind für ihn so viele Bourgeoisie Vorurteile

Wet, moraliteit, godsdiens is vir hom soveel vooroordele van die bourgeoisie

und hinter diesen Vorurteilen lauern ebenso viele Bourgeoisie Interessen

en agter hierdie vooroordele skuil in 'n hinderlaag net soos
baie bourgeoisie-belange

**Alle vorhergehenden Klassen, die die Oberhand gewannen,
versuchten, ihren bereits erworbenen Status zu festigen**

Al die voorafgaande klasse wat die oorhand gekry het, het
probeer om hul reeds verworwe status te versterk

**Sie taten dies, indem sie die Gesellschaft als Ganzes ihren
Aneignungsbedingungen unterwarfen**

hulle het dit gedoen deur die samelewing in die algemeen aan
hul voorwaardes van toe-eiening te onderwerp

**Die Proletarier können nicht Herren der Produktivkräfte der
Gesellschaft werden**

Die proletariërs kan nie meesters word van die produktiewe
kragte van die samelewing nie

**Sie kann dies nur tun, indem sie ihre eigene bisherige
Aneignungsweise abschafft**

dit kan slegs gedoen word deur hul eie vorige manier van toe-
eiening af te skaf

**Und damit hebt sie auch jede andere bisherige
Aneignungsweise auf**

en daardeur skaf dit ook elke ander vorige manier van toe-
eiening af

Sie haben nichts Eigenes zu sichern und zu festigen

Hulle het niks van hul eie om te beveilig en te versterk nie

**Ihre Aufgabe ist es, alle bisherigen Sicherheiten und
Versicherungen für individuelles Eigentum zu vernichten**

hul missie is om alle vorige sekuriteite vir en versekering van
individuele eiendom te vernietig

**Alle bisherigen historischen Bewegungen waren
Bewegungen von Minderheiten**

Alle vorige historiese bewegings was bewegings van
minderhede

**oder es handelte sich um Bewegungen im Interesse von
Minderheiten**

of dit was bewegings in belang van minderhede

Die proletarische Bewegung ist die selbstbewusste, selbständige Bewegung der ungeheuren Mehrheit

Die proletariese beweging is die selfbewuste, onafhanklike beweging van die oorgrote meerderheid

Und es ist eine Bewegung im Interesse der großen Mehrheit

en dit is 'n beweging in die belang van die oorgrote meerderheid

Das Proletariat, die unterste Schicht unserer heutigen Gesellschaft

Die proletariaat, die laagste laag van ons huidige samelewing

Sie kann sich nicht regen oder erheben, ohne daß die ganze übergeordnete Schicht der offiziellen Gesellschaft in die Luft geschleudert wird

dit kan homself nie roer of verhef sonder dat die hele bekleërende lae van die amptelike samelewing in die lug spring nie

Der Kampf des Proletariats mit der Bourgeoisie ist, wenn auch nicht der Substanz nach, doch zunächst ein nationaler Kampf

Alhoewel dit nie in wese is nie, is die stryd van die proletariaat met die bourgeoisie aanvanklik 'n nasionale stryd

Das Proletariat eines jeden Landes muss natürlich vor allem mit seiner eigenen Bourgeoisie abrechnen

Die proletariaat van elke land moet natuurlik eerstens sake met sy eie bourgeoisie afhandel

Indem wir die allgemeinsten Phasen der Entwicklung des Proletariats schilderten, verfolgten wir den mehr oder weniger verhüllten Bürgerkrieg

Deur die mees algemene fases van die ontwikkeling van die proletariaat uit te beeld, het ons die min of meer bedekte burgeroorlog opgespoor

Diese Zivilgesellschaft wütet in der bestehenden Gesellschaft

Hierdie burgerlike woed binne die bestaande samelewing

Er wird bis zu dem Punkt wüten, an dem dieser Krieg in eine offene Revolution ausbricht

dit sal woed tot op die punt waar daardie oorlog in 'n openlike rewolusie uitbreek

und dann legt der gewaltsame Sturz der Bourgeoisie die Grundlage für die Herrschaft des Proletariats

en dan lê die gewelddadige omverwerping van die bourgeoisie die grondslag vir die heerskappy van die proletariaat

Bisher beruhte jede Gesellschaftsform, wie wir bereits gesehen haben, auf dem Antagonismus unterdrückender und unterdrückter Klassen

Tot dusver was elke vorm van samelewing, soos ons reeds gesien het, gebaseer op die antagonisme van onderdrukkende en onderdrukte klasse

Um aber eine Klasse zu unterdrücken, müssen ihr gewisse Bedingungen zugesichert werden

Maar om 'n klas te onderdruk, moet sekere voorwaardes daaraan verseker word

Die Klasse muss unter Bedingungen gehalten werden, unter denen sie wenigstens ihre sklavische Existenz fortsetzen kann

die klas moet onder omstandighede gehou word waarin dit ten minste sy slaafse bestaan kan voortsit

Der Leibeigene erhob sich in der Zeit der Leibeigenschaft zum Mitglied der Kommune

Die slawe het homself in die tydperk van slawerny tot lidmaatskap van die gemeente verhef

so wie es dem Kleinbourgeoisie unter dem Joch des feudalen Absolutismus gelang, sich zur Bourgeoisie zu entwickeln

net soos die kleinburgery, onder die juk van feodale absolutisme, daarin geslaag het om tot 'n bourgeoisie te ontwikkel

Der moderne Arbeiter dagegen sinkt, anstatt sich mit dem Fortschritt der Industrie zu erheben, immer tiefer

Die moderne arbeider, inteendeel, in plaas daarvan om met die vooruitgang van die nywerheid te styg, sink dieper en dieper

Er sinkt unter die Existenzbedingungen seiner eigenen Klasse

hy sink onder die bestaansvoorwaardes van sy eie klas

Er wird ein Bettler, und der Pauperismus entwickelt sich schneller als Bevölkerung und Reichtum

Hy word 'n armes, en pauperisme ontwikkel vinniger as bevolking en rykdom

Und hier zeigt sich, dass die Bourgeoisie nicht mehr geeignet ist, die herrschende Klasse in der Gesellschaft zu sein

En hier word dit duidelik dat die bourgeoisie nie meer geskik is om die heersersklas in die samelewing te wees nie

und sie ist ungeeignet, der Gesellschaft ihre Existenzbedingungen als übergeordnetes Gesetz aufzuzwingen

en dit is ongeskik om sy bestaansvoorwaardes op die samelewing af te dwing as 'n oorheersende wet

Sie ist unfähig zu herrschen, weil sie unfähig ist, ihrem Sklaven in seiner Sklaverei eine Existenz zu sichern

Dit is ongeskik om te regeer omdat dit onbevoeg is om 'n bestaan aan sy slaaf binne sy slawerny te verseker

denn sie kann nicht anders, als ihn in einen solchen Zustand sinken zu lassen, daß sie ihn ernähren muss, statt von ihm gefüttert zu werden

want dit kan nie help om hom in so 'n toestand te laat wegsink nie, dat dit hom moet voed, in plaas daarvan om deur hom gevoed te word

Die Gesellschaft kann nicht länger unter dieser Bourgeoisie leben

Die samelewing kan nie meer onder hierdie bourgeoisie leef nie

Mit anderen Worten, ihre Existenz ist nicht mehr mit der Gesellschaft vereinbar

Met ander woorde, die bestaan daarvan is nie meer
versoenbaar met die samelewing nie

**Die wesentliche Bedingung für die Existenz und die
Herrschaft der Bourgeoisie Klasse ist die Bildung und
Vermehrung des Kapitals**

Die wesenlike voorwaarde vir die bestaan en vir die
heerskappy van die bourgeoisieklas is die vorming en
vermeerdering van kapitaal

Die Bedingung für das Kapital ist Lohnarbeit

Die voorwaarde vir kapitaal is loonarbeid

**Die Lohnarbeit beruht ausschließlich auf der Konkurrenz
zwischen den Arbeitern**

Loonarbeid berus uitsluitlik op mededinging tussen die
arbeiders

**Der Fortschritt der Industrie, deren unfreiwilliger Förderer
die Bourgeoisie ist, tritt an die Stelle der Isolierung der
Arbeiter**

Die vooruitgang van die nywerheid, wie se onwillekeurige
promotor die bourgeoisie is, vervang die isolasie van die
arbeiders

**durch die Konkurrenz, durch ihre revolutionäre
Kombination, durch die Assoziation**

as gevolg van mededinging, as gevolg van hul revolusionêre
kombinasie, as gevolg van assosiasie

**Die Entwicklung der modernen Industrie schneidet ihr die
Grundlage unter den Füßen weg, auf der die Bourgeoisie
Produkte produziert und sich aneignet**

Die ontwikkeling van die moderne nywerheid sny die
fondament waarop die bourgeoisie produkte produseer en
toeëien onder sy voete af

**Was die Bourgeoisie vor allem produziert, sind ihre eigenen
Totengräber**

Wat die bourgeoisie produseer, is bowenal sy eie grafdelwers

**Der Sturz der Bourgeoisie und der Sieg des Proletariats sind
gleichermaßen unvermeidlich**

Die val van die bourgeoisie en die oorwinning van die proletariaat is ewe onvermydelik

Proletarier und Kommunisten

Proletariërs en kommuniste

In welchem Verhältnis stehen die Kommunisten zu den Proletariern insgesamt?

In watter verhouding staan die Kommuniste tot die proletariërs as geheel?

Die Kommunisten bilden keine eigene Partei, die anderen Arbeiterparteien entgegengesetzt ist

Die Kommuniste vorm nie 'n aparte party wat teen ander werkersklaspartye gekant is nie

Sie haben keine Interessen, die von denen des Proletariats als Ganzes getrennt und getrennt sind

Hulle het geen belange apart en apart van dié van die proletariaat as geheel nie

Sie stellen keine eigenen sektiererischen Prinzipien auf, nach denen sie die proletarische Bewegung formen und formen könnten

Hulle stel geen sektariese beginsels van hul eie op om die proletariese beweging te vorm en te vorm nie

Die Kommunisten unterscheiden sich von den anderen Arbeiterparteien nur durch zwei Dinge

Die Kommuniste onderskei slegs twee dinge van die ander werkersklaspartye

Erstens: Sie weisen auf die gemeinsamen Interessen des gesamten Proletariats hin und bringen sie in den Vordergrund, unabhängig von jeder Nationalität

Eerstens wys hulle die gemeenskaplike belange van die hele proletariaat, onafhanklik van alle nasionaliteit, na vore

Das tun sie in den nationalen Kämpfen der Proletarier der verschiedenen Länder

Dit doen hulle in die nasionale stryd van die proletariërs van die verskillende lande

Zweitens vertreten sie immer und überall die Interessen der gesamten Bewegung

Tweedens verteenwoordig hulle altyd en oral die belange van die beweging as geheel

**das tun sie in den verschiedenen Entwicklungsstadien, die
der Kampf der Arbeiterklasse gegen die Bourgeoisie zu
durchlaufen hat**

dit doen hulle in die verskillende stadiums van ontwikkeling,
waardeur die stryd van die werkersklas teen die bourgeoisie
moet gaan

**Die Kommunisten sind also auf der einen Seite praktisch
der fortschrittlichste und entschiedenste Teil der
Arbeiterparteien eines jeden Landes**

Die Kommuniste is dus aan die een kant, feitlik, die mees
gevorderde en vasberade deel van die werkersklaspartye van
elke land

**Sie sind der Teil der Arbeiterklasse, der alle anderen
vorantreibt**

hulle is daardie deel van die werkersklas wat alle ander
vorentoe stoot

**Theoretisch haben sie auch den Vorteil, dass sie die
Marschlinie klar verstehen**

Teoreties het hulle ook die voordeel dat hulle die marslyn
duidelik verstaan

**Das verstehen sie besser im Vergleich zu der großen Masse
des Proletariats**

Dit verstaan hulle beter in vergelyking met die groot massa
van die proletariaat

**Sie verstehen die Bedingungen und die letzten allgemeinen
Ergebnisse der proletarischen Bewegung**

Hulle verstaan die toestande en die uiteindelike algemene
resultate van die proletariese beweging

**Das unmittelbare Ziel des Kommunisten ist dasselbe wie
das aller anderen proletarischen Parteien**

Die onmiddellike doel van die Kommunistiese is dieselfde as
dié van al die ander proletariese partye

Ihr Ziel ist die Formierung des Proletariats zu einer Klasse

Hulle doel is die vorming van die proletariaat in 'n klas

**sie zielen darauf ab, die Vorherrschaft der Bourgeoisie zu
stürzen**

hulle poog om die oppergesag van die bourgeoisie omver te werp

das Streben nach politischer Machteroberung durch das Proletariat

die strewe na die verowering van politieke mag deur die proletariaat

Die theoretischen Schlußfolgerungen der Kommunisten beruhen in keiner Weise auf Ideen oder Prinzipien der Reformer

Die teoretiese gevolgtrekkings van die Kommuniste is geensins gebaseer op idees of beginsels van hervormers nie

es waren keine Möchtegern-Universalreformer, die die theoretischen Schlussfolgerungen der Kommunisten erfunden oder entdeckt haben

dit was nie voornemende universele hervormers wat die teoretiese gevolgtrekkings van die Kommuniste uitgevind of ontdek het nie

Sie drücken lediglich in allgemeinen Begriffen tatsächliche Verhältnisse aus, die aus einem bestehenden Klassenkampf hervorgehen

Hulle druk bloot in algemene terme werklike verhoudings uit wat uit 'n bestaande klassestryd spruit

Und sie beschreiben die historische Bewegung, die sich unter unseren Augen abspielt und die diesen Klassenkampf hervorgebracht hat

en hulle beskryf die historiese beweging wat onder ons oë aan die gang is wat hierdie klassestryd geskep het

Die Abschaffung bestehender Eigentumsverhältnisse ist keineswegs ein charakteristisches Merkmal des Kommunismus

Die afskaffing van bestaande eiendomsverhoudinge is glad nie 'n kenmerkende kenmerk van kommunisme nie

Alle Eigentumsverhältnisse in der Vergangenheit waren einem ständigen historischen Wandel unterworfen

Alle eiendomsverhoudinge in die verlede was voortdurend onderhewig aan historiese verandering

Und diese Veränderungen waren eine Folge der Veränderung der historischen Bedingungen

en hierdie veranderinge was die gevolg van die verandering in historiese toestande

Die Französische Revolution zum Beispiel schaffte das Feudaleigentum zugunsten des Bourgeoisie Eigentums ab

Die Franse Revolusie het byvoorbeeld feodale eiendom afgeskaf ten gunste van bourgeoisie-eiendom

Das Unterscheidungsmerkmal des Kommunismus ist nicht die Abschaffung des Eigentums im Allgemeinen

Die onderskeidende kenmerk van kommunisme is nie die afskaffing van eiendom oor die algemeen nie

aber das Unterscheidungsmerkmal des Kommunismus ist die Abschaffung des Bourgeoisie Eigentums

maar die onderskeidende kenmerk van kommunisme is die afskaffing van bourgeoisie-eiendom

Aber das Privateigentum der modernen Bourgeoisie ist der letzte und vollständigste Ausdruck des Systems der Produktion und Aneignung von Produkten

Maar die moderne bourgeoisie se private eiendom is die finale en mees volledige uitdrukking van die stelsel van die vervaardiging en toe-eiening van produkte

Es ist der Endzustand eines Systems, das auf Klassengegensätzen beruht, wobei der Klassenantagonismus die Ausbeutung der Vielen durch die Wenigen ist

Dit is die finale toestand van 'n stelsel wat gebaseer is op klasse-antagonismes, waar klasse-antagonisme die uitbuiting van die baie deur die min is

In diesem Sinne läßt sich die Theorie der Kommunisten in einem einzigen Satz zusammenfassen; die Abschaffung des Privateigentums

In hierdie sin kan die teorie van die Kommuniste in die enkele sin opgesom word; die afskaffing van privaat eiendom

Uns Kommunisten hat man vorgeworfen, das Recht auf persönlichen Eigentumserwerb abschaffen zu wollen

Ons kommuniste is verwyt oor die begeerte om die reg om eiendom persoonlik te bekom af te skaf

Es wird behauptet, dass diese Eigenschaft die Frucht der eigenen Arbeit eines Menschen ist

Daar word beweer dat hierdie eiendom die vrug van 'n man se eie arbeid is

Und diese Eigenschaft soll die Grundlage aller persönlichen Freiheit, Aktivität und Unabhängigkeit sein.

en hierdie eiendom is na bewering die grondslag van alle persoonlike vryheid, aktiwiteit en onafhanklikheid.

"Hart erkämpftes, selbst erworbenes, selbst verdientes Eigentum!"

"Swaarwonne, selfverworwe, selfverdiende eiendom!"

Meinst du das Eigentum des kleinen Handwerkers und des Kleinbauern?

Bedoel jy die eiendom van die klein ambagsman en van die kleinboer?

Meinen Sie eine Form des Eigentums, die der Bourgeoisie Form vorausging?

Bedoel jy 'n vorm van eiendom wat die bourgeoisie-vorm voorafgegaan het?

Es ist nicht nötig, sie abzuschaffen, die Entwicklung der Industrie hat sie zum großen Teil bereits zerstört

Dit is nie nodig om dit af te skaf nie, die ontwikkeling van die nywerheid het dit reeds tot 'n groot mate vernietig

Und die Entwicklung der Industrie zerstört sie immer noch täglich

en die ontwikkeling van die nywerheid vernietig dit steeds daagliks

Oder meinen Sie das moderne Bourgeoisie Privateigentum?

Of bedoel jy moderne bourgeoisie private eiendom?

Aber schafft die Lohnarbeit irgendein Eigentum für den Arbeiter?

Maar skep loonarbeid enige eiendom vir die arbeider?

Nein, die Lohnarbeit schafft nicht ein bisschen von dieser Art von Eigentum!

Nee, loonarbeid skep nie 'n bietjie van hierdie soort eiendom nie!

Was Lohnarbeit schafft, ist Kapital; jene Art von Eigentum, das Lohnarbeit ausbeutet

wat loonarbeid wel skep, is kapitaal; daardie soort eiendom wat loonarbeid uitbuit

Das Kapital kann sich nur unter der Bedingung vermehren, daß es ein neues Angebot an Lohnarbeit für neue Ausbeutung erzeugt

kapitaal kan nie toeneem nie, behalwe op voorwaarde dat 'n nuwe aanbod van loonarbeid vir nuwe uitbuiting verwek word

Das Eigentum in seiner jetzigen Form beruht auf dem Antagonismus von Kapital und Lohnarbeit

Eiendom, in sy huidige vorm, is gebaseer op die antagonisme van kapitaal en loonarbeid

Betrachten wir beide Seiten dieses Antagonismus

Kom ons ondersoek beide kante van hierdie antagonisme

Kapitalist zu sein bedeutet nicht nur, einen rein persönlichen Status zu haben

Om 'n kapitalis te wees, is om nie net 'n suiwer persoonlike status te hê nie

Stattdessen bedeutet Kapitalist zu sein auch, einen sozialen Status in der Produktion zu haben

in plaas daarvan, om 'n kapitalis te wees, is ook om 'n sosiale status in produksie te hê

weil Kapital ein kollektives Produkt ist; Nur durch das gemeinsame Handeln vieler Mitglieder kann sie in Gang gesetzt werden

omdat kapitaal 'n kollektiewe produk is; Slegs deur die verenigde optrede van baie lede kan dit aan die gang gesit word

Aber dieses gemeinsame Handeln ist der letzte Ausweg und erfordert eigentlich alle Mitglieder der Gesellschaft

Maar hierdie verenigde optrede is 'n laaste uitweg, en vereis eintlik alle lede van die samelewing

Das Kapital verwandelt sich in das Eigentum aller Mitglieder der Gesellschaft

Kapitaal word wel omskep in die eiendom van alle lede van die samelewing

aber das Kapital ist also keine persönliche Macht; Es ist eine gesellschaftliche Macht

maar kapitaal is dus nie 'n persoonlike mag nie; dit is 'n sosiale mag

Wenn also Kapital in gesellschaftliches Eigentum umgewandelt wird, so verwandelt sich dadurch nicht persönliches Eigentum in gesellschaftliches Eigentum

Wanneer kapitaal dus in sosiale eiendom omskep word, word persoonlike eiendom nie daardeur in sosiale eiendom omskep nie

Nur der gesellschaftliche Charakter des Eigentums wird verändert und verliert seinen Klassencharakter

Dit is slegs die sosiale karakter van die eiendom wat verander word en sy klaskarakter verloor

Betrachten wir nun die Lohnarbeit

Kom ons kyk nou na loonarbeid

Der Durchschnittspreis der Lohnarbeit ist der Mindestlohn, d.h. das Quantum der Lebensmittel

Die gemiddelde prys van loonarbeid is die minimum loon, dit wil sê daardie hoeveelheid van die bestaansmiddele

Dieser Lohn ist für die bloße Existenz als Arbeiter absolut notwendig

Hierdie loon is absoluut noodsaaklik in die blote bestaan as 'n arbeider

Was sich also der Lohnarbeiter durch seine Arbeit aneignet, genügt nur, um ein bloßes Dasein zu verlängern und zu reproduzieren

Wat die loonarbeider dus deur middel van sy arbeid toeëien, is bloot voldoende om 'n blote bestaan te verleng en voort te plant

Wir beabsichtigen keineswegs, diese persönliche Aneignung der Arbeitsprodukte abzuschaffen

Ons is geensins van plan om hierdie persoonlike toe-eiening van die produkte van arbeid af te skaf nie

eine Aneignung, die für die Erhaltung und Reproduktion des menschlichen Lebens bestimmt ist

'n toe-eiening wat gemaak word vir die instandhouding en voortplanting van menslike lewe

Eine solche persönliche Aneignung der Arbeitsprodukte lässt keinen Überschuss übrig, mit dem man die Arbeit anderer befehlen könnte

sulke persoonlike toe-eiening van die produkte van arbeid laat geen surplus oor waarmee die arbeid van ander beveel kan word nie

Alles, was wir beseitigen wollen, ist der erbärmliche Charakter dieser Aneignung

Al waarmee ons wil wegdoen, is die ellendige karakter van hierdie toe-eiening

die Aneignung, unter der der Arbeiter lebt, bloß um das Kapital zu vermehren

die toe-eiening waaronder die arbeider leef bloot om kapitaal te vermeerder

Er darf nur leben, soweit es das Interesse der herrschenden Klasse erfordert

hy word slegs toegelaat om te lewe in soverre die belang van die heersersklas dit vereis

In der Bourgeoisie Gesellschaft ist die lebendige Arbeit nur ein Mittel, um die akkumulierte Arbeit zu vermehren

In die bourgeoisie-samelewing is lewende arbeid slegs 'n manier om opgehoopte arbeid te vermeerder

In der kommunistischen Gesellschaft ist die akkumulierte Arbeit nur ein Mittel, um die Existenz des Arbeiters zu erweitern, zu bereichern und zu fördern

In die kommunistiese samelewing is opgehoopte arbeid slegs 'n manier om die bestaan van die arbeider te verbreed, te verryk, te bevorder

In der Bourgeoisie Gesellschaft dominiert daher die Vergangenheit die Gegenwart

In die bourgeoisie-samelewing oorheers die verlede dus die hede

In der kommunistischen Gesellschaft dominiert die Gegenwart die Vergangenheit

in die kommunistiese samelewing oorheers die hede die verlede

In der Bourgeoisie Gesellschaft ist das Kapital unabhängig und hat Individualität

In die bourgeoisie-samelewing is kapitaal onafhanklik en het individualiteit

In der Bourgeoisie Gesellschaft ist der lebende Mensch abhängig und hat keine Individualität

In die bourgeoisie-samelewing is die lewende persoon afhanklik en het geen individualiteit nie

Und die Abschaffung dieses Zustandes wird von der Bourgeoisie als Abschaffung der Individualität und Freiheit bezeichnet!

En die afskaffing van hierdie stand van sake word deur die bourgeoisie die afskaffing van individualiteit en vryheid genoem!

Und man nennt sie mit Recht die Abschaffung von Individualität und Freiheit!

En dit word tereg die afskaffing van individualiteit en vryheid genoem!

Der Kommunismus strebt die Abschaffung der Bourgeoisie Individualität an

Kommunisme beoog die afskaffing van die burgerlike individualiteit

Der Kommunismus strebt die Abschaffung der Unabhängigkeit der Bourgeoisie an

Kommunisme beoog die afskaffing van die onafhanklikheid van die bourgeoisie

Die BourgeoisieFreiheit ist zweifellos das, was der Kommunismus anstrebt

Bourgeoisievryheid is ongetwyfeld waarna kommunisme mik

unter den gegenwärtigen Bourgeoisie Produktionsbedingungen bedeutet Freiheit freien Handel, freien Verkauf und freien Kauf

onder die huidige bourgeoisie-produksietoestande beteken vryheid vrye handel, vrye verkoop en koop

Aber wenn das Verkaufen und Kaufen verschwindet, verschwindet auch das freie Verkaufen und Kaufen

Maar as verkoop en koop verdwyn, verdwyn vrye verkoop en koop ook

"Mutige Worte" der Bourgeoisie über den freien Verkauf und Kauf haben nur eine begrenzte Bedeutung

"dapper woorde" deur die bourgeoisie oor vrye verkoop en koop het slegs betekenis in 'n beperkte sin

Diese Worte haben nur im Gegensatz zu eingeschränktem Verkauf und Kauf eine Bedeutung

Hierdie woorde het slegs betekenis in teenstelling met beperkte verkoop en koop

und diese Worte haben nur dann eine Bedeutung, wenn sie auf die gefesselten Händler des Mittelalters angewandt werden

en hierdie woorde het slegs betekenis wanneer dit toegepas word op die geboeide handelaars van die Middeleeue

und das setzt voraus, dass diese Worte überhaupt eine Bedeutung im Bourgeoisie Sinne haben

en dit veronderstel dat hierdie woorde selfs betekenis het in 'n bourgeoisie sin

aber diese Worte haben keine Bedeutung, wenn sie gebraucht werden, um sich gegen die kommunistische Abschaffung des Kaufens und Verkaufens zu wehren

maar hierdie woorde het geen betekenis wanneer dit gebruik word om die kommunistiese afskaffing van koop en verkoop teen te staan nie

die Worte haben keine Bedeutung, wenn sie gebraucht werden, um sich gegen die Abschaffung der Bourgeoisie Produktionsbedingungen zu wehren

die woorde het geen betekenis as dit gebruik word om die
afskaffing van die produksievoorwaardes van die bourgeoisie
teen te staan nie

**und sie haben keine Bedeutung, wenn sie benutzt werden,
um sich gegen die Abschaffung der Bourgeoisie selbst zu
wehren**

en hulle het geen betekenis wanneer hulle gebruik word om
die bourgeoisie self teen te staan nie, wat afgeskaf word

**Sie sind entsetzt über unsere Absicht, das Privateigentum
abzuschaffen**

U is geskok oor ons voorneme om weg te doen met privaat
eiendom

**Aber in eurer jetzigen Gesellschaft ist das Privateigentum
für neun Zehntel der Bevölkerung bereits abgeschafft**

Maar in jou bestaande samelewing word private eiendom
reeds weggedoen vir nege tiendes van die bevolking

**Die Existenz des Privateigentums für einige wenige beruht
einzig und allein darauf, dass es in den Händen von neun
Zehnteln der Bevölkerung nicht existiert**

Die bestaan van private eiendom vir die min is uitsluitlik te
wyte aan die nie-bestaan daarvan in die hande van nege
tiendes van die bevolking

**Sie werfen uns also vor, daß wir eine Form des Eigentums
abschaffen wollen**

U verwyt ons dus dat ons van plan is om weg te doen met 'n
vorm van eiendom

**Aber das Privateigentum erfordert für die ungeheure
Mehrheit der Gesellschaft die Nichtexistenz jeglichen
Eigentums**

maar private eiendom noodsaak die nie-bestaan van enige
eiendom vir die oorgrote meerderheid van die samelewing

**Mit einem Wort, Sie werfen uns vor, daß wir Ihr Eigentum
beseitigen wollen**

In een woord, jy verwyt ons dat ons van plan is om weg te
doen met jou eiendom

Und genau so ist es; Ihr Eigentum abzuschaffen, ist genau das, was wir beabsichtigen

En dit is presies so; om weg te doen met jou eiendom is net wat ons van plan is

Von dem Augenblick an, wo die Arbeit nicht mehr in Kapital, Geld oder Rente verwandelt werden kann

Vanaf die oomblik wanneer arbeid nie meer in kapitaal, geld of huur omskep kan word nie

wenn die Arbeit nicht mehr in eine gesellschaftliche Macht umgewandelt werden kann, die monopolisiert werden kann

wanneer arbeid nie meer omskep kan word in 'n sosiale mag wat gemonopoliseer kan word nie

von dem Augenblick an, wo das individuelle Eigentum nicht mehr in Bourgeoisie Eigentum verwandelt werden kann

vanaf die oomblik wanneer individuele eiendom nie meer in bourgeoisie-eiendom omskep kan word nie

von dem Augenblick an, wo das individuelle Eigentum nicht mehr in Kapital verwandelt werden kann

vanaf die oomblik wanneer individuele eiendom nie meer in kapitaal omskep kan word nie

Von diesem Moment an sagst du, dass die Individualität verschwindet

Van daardie oomblik af sê jy individualiteit verdwyn

Sie müssen also gestehen, daß Sie mit »Individuum« keine andere Person meinen als die Bourgeoisie

U moet dus erken dat u met "individueel" geen ander persoon as die bourgeoisie bedoel nie

Sie müssen zugeben, dass es sich speziell auf den Bourgeoisie Eigentümer von Immobilien bezieht

U moet erken dat dit spesifiek verwys na die middelklas-eienaar van eiendom

Diese Person muss in der Tat aus dem Weg geräumt und unmöglich gemacht werden

Hierdie persoon moet inderdaad uit die pad gevee word, en onmoontlik gemaak word

Der Kommunismus beraubt niemanden der Macht, sich die Produkte der Gesellschaft anzueignen

Kommunisme ontneem geen mens van die mag om die produkte van die samelewing toe te eien nie

Alles, was der Kommunismus tut, ist, ihm die Macht zu nehmen, die Arbeit anderer durch eine solche Aneignung zu unterjochen

al wat kommunisme doen, is om hom van die mag te ontneem om die arbeid van ander deur middel van sulke toe-eiening te onderwerp

Man hat eingewendet, daß mit der Abschaffung des Privateigentums alle Arbeit aufhören werde

Daar is beswaar gemaak dat by die afskaffing van private eiendom alle werk sal staak

Und dann wird suggeriert, dass uns die universelle Faulheit überwältigen wird

en daar word dan voorgestel dat universele luiheid ons sal inhaal

Demnach hätte die BourgeoisieGesellschaft schon längst vor lauter Müßiggang vor die Hunde gehen müssen

Hiervolgens moes die bourgeoisie-samelewing lankal deur pure ledigheid na die honde gegaan het

denn diejenigen ihrer Mitglieder, die arbeiten, erwerben nichts

omdat die lede wat werk, niks verkry nie

und diejenigen von ihren Mitgliedern, die etwas erwerben, arbeiten nicht

en dié van sy lede wat iets bekom, werk nie

Der ganze Einwand ist nur ein weiterer Ausdruck der Tautologie

Die hele beswaar is maar nog 'n uitdrukking van die tautologie

Es kann keine Lohnarbeit mehr geben, wenn es kein Kapital mehr gibt

daar kan geen loonarbeid meer wees as daar nie meer kapitaal is nie

Es gibt keinen Unterschied zwischen materiellen und mentalen Produkten

Daar is geen verskil tussen materiële produkte en geestelike produkte nie

Der Kommunismus schlägt vor, dass beides auf die gleiche Weise produziert wird

Kommunisme stel voor dat albei op dieselfde manier geproduseer word

aber die Einwände gegen die kommunistischen Produktionsweisen sind dieselben

maar die besware teen die kommunistiese maniere om dit te produseer is dieselfde

Für die Bourgeoisie ist das Verschwinden des Klasseneigentums das Verschwinden der Produktion selbst

vir die bourgeoisie is die verdwyning van klasse-eiendom die verdwyning van produksie self

So ist für ihn das Verschwinden der Klassenkultur identisch mit dem Verschwinden aller Kultur

dus is die verdwyning van klassekultuur vir hom identies met die verdwyning van alle kultuur

Diese Kultur, deren Verlust er beklagt, ist für die überwiegende Mehrheit ein bloßes Training, um als Maschine zu agieren

Daardie kultuur, waarvan hy die verlies betreur, is vir die oorgrote meerderheid 'n blote opleiding om as 'n masjien op te tree

Die Kommunisten haben die Absicht, die Kultur des Bourgeoisie Eigentums abzuschaffen

Kommuniste is baie van plan om die kultuur van bourgeoisie-eiendom af te skaf

Aber zankt euch nicht mit uns, solange ihr den Maßstab eurer Bourgeoisie Vorstellungen von Freiheit, Kultur, Recht usw. anlegt

Maar moenie met ons stry solank jy die standaard van jou bourgeoisie-idees van vryheid, kultuur, wet, ens toepas nie

Eure Ideen selbst sind nur die Auswüchse der Bedingungen eurer Bourgeoisie Produktion und eures Bourgeoisie Eigentums

Jou idees is maar net die uitvloeisel van die toestande van jou bourgeoisieproduksie en bourgeoisie-eiendom

so wie eure Jurisprudenz nichts anderes ist als der Wille eurer Klasse, der zum Gesetz für alle gemacht wurde

net soos jou regspraak maar net die wil van jou klas is wat tot 'n wet vir almal gemaak is

Der wesentliche Charakter und die Richtung dieses Willens werden durch die ökonomischen Bedingungen bestimmt, die Ihre soziale Klasse schafft

Die wesenlike karakter en rigting van hierdie wil word bepaal deur die ekonomiese toestande wat jou sosiale klas skep

Der selbstsüchtige Irrtum, der dich veranlaßt, soziale Formen in ewige Gesetze der Natur und der Vernunft zu verwandeln

Die selfsugtige wanopvatting wat jou oorreed om sosiale vorme in ewige natuurwette en rede te omskep

die gesellschaftlichen Formen, die aus eurer gegenwärtigen Produktionsweise und Eigentumsform entspringen

die sosiale vorme wat voortspruit uit jou huidige produksiewyse en vorm van eiendom

historische Beziehungen, die im Fortschritt der Produktion auf- und verschwinden

historiese verhoudings wat styg en verdwyn in die vordering van produksie

Dieses Missverständnis teilt ihr mit jeder herrschenden Klasse, die euch vorausgegangen ist

hierdie wanopvatting deel jy met elke heersersklas wat jou voorafgegaan het

Was Sie bei antikem Eigentum klar sehen, was Sie bei feudalem Eigentum zugeben

Wat jy duidelik sien in die geval van antieke eiendom, wat jy erken in die geval van feodale eiendom

diese Dinge dürfen Sie natürlich nicht zugeben, wenn es sich um Ihre eigene BourgeoisieEigentumsform handelt

hierdie dinge word u natuurlik verbied om te erken in die geval van u eie bourgeoisie-vorm van eiendom

Abschaffung der Familie! Selbst die Radikalsten entrüsten sich über diesen infamen Vorschlag der Kommunisten

Afskaffing van die gesin! Selfs die mees radikale vlam op by hierdie berugte voorstel van die Kommuniste

Auf welcher Grundlage beruht die heutige Familie, die BourgeoisieFamilie?

Op watter grondslag is die huidige familie, die Bourgeoisie-familie, gebaseer?

Die Gründung der heutigen Familie beruht auf Kapital und privatem Gewinn

Die grondslag van die huidige gesin is gebaseer op kapitaal en private gewin

In ihrer voll entwickelten Form existiert diese Familie nur unter der Bourgeoisie

In sy volledig ontwikkelde vorm bestaan hierdie familie slegs onder die bourgeoisie

Dieser Zustand der Dinge findet seine Ergänzung in der praktischen Abwesenheit der Familie bei den Proletariern

Hierdie stand van sake vind sy aanvulling in die praktiese afwesigheid van die gesin onder die proletariërs

Dieser Zustand ist in der öffentlichen Prostitution zu finden

Hierdie stand van sake kan gevind word in openbare prostitusie

Die BourgeoisieFamilie wird wie selbstverständlich verschwinden, wenn ihr Komplement verschwindet

Die Bourgeoisie-familie sal vanselfsprekend verdwyn wanneer sy komplement verdwyn

Und beides wird mit dem Verschwinden des Kapitals verschwinden

en albei sal verdwyn met die verdwyning van kapitaal

Werfen Sie uns vor, dass wir die Ausbeutung von Kindern durch ihre Eltern stoppen wollen?

Beskuldig u ons daarvan dat ons die uitbuiting van kinders deur hul ouers wil stop?

Diesem Verbrechen bekennen wir uns schuldig

Aan hierdie misdaad pleit ons skuldig

Aber, werden Sie sagen, wir zerstören die heiligsten Beziehungen, wenn wir die häusliche Erziehung durch die soziale Erziehung ersetzen

Maar, jy sal sê, ons vernietig die heiligste verhoudings wanneer ons tuisonderwys deur sosiale opvoeding vervang

Ist Ihre Erziehung nicht auch sozial? Und wird sie nicht von den gesellschaftlichen Bedingungen bestimmt, unter denen man erzieht?

Is jou opvoeding nie ook sosiaal nie? En word dit nie bepaal deur die sosiale omstandighede waaronder jy opvoed nie?

durch direkte oder indirekte Eingriffe in die Gesellschaft, durch Schulen usw.

deur die ingryping, direk of indirek, van die samelewing, deur middel van skole, ens.

Die Kommunisten haben die Einmischung der Gesellschaft in die Erziehung nicht erfunden

Die kommuniste het nie die ingryping van die samelewing in die onderwys uitgevind nie

Sie versuchen lediglich, den Charakter dieses Eingriffs zu ändern

hulle poog maar om die karakter van daardie ingryping te verander

Und sie versuchen, das Bildungswesen vor dem Einfluss der herrschenden Klasse zu retten

en hulle poog om onderwys van die invloed van die heerserklas te red

Die Bourgeoisie spricht von der geheiligten Beziehung von Eltern und Kind

Die bourgeoisie praat van die heilige naverhouding tussen ouer en kind

aber dieses Geschwätz über die Familie und die Erziehung wird um so widerwärtiger, wenn wir die moderne Industrie betrachten

maar hierdie klapval oor die gesin en opvoeding word des te walgliker as ons na die moderne industrie kyk

Alle Familienbande unter den Proletariern werden durch die moderne Industrie zerrissen

Alle familiebande onder die proletariërs word deur die moderne nywerheid verskeur

ihre Kinder werden zu einfachen Handelsartikeln und Arbeitsinstrumenten

hul kinders word omskep in eenvoudige handelsartikels en arbeidsinstrumente

Aber ihr Kommunisten würdet eine Gemeinschaft von Frauen schaffen, schreit die ganze Bourgeoisie im Chor

Maar julle kommuniste sou 'n gemeenskap van vroue skep, skree die hele bourgeoisie in koor

Die Bourgeoisie sieht in seiner Frau ein bloßes Produktionsinstrument

Die bourgeoisie sien in sy vrou 'n blote produksie-instrument

Er hört, dass die Produktionsmittel von allen ausgebeutet werden sollen

Hy hoor dat die produksie-instrumente deur almal uitgebuit moet word

Und natürlich kann er zu keinem anderen Schluß kommen, als daß das Los, allen gemeinsam zu sein, auch den Frauen zufallen wird

en natuurlik kan hy tot geen ander gevolgtrekking kom as dat die lot om almal gemeenskaplik te wees, eweneens op vroue sal val nie

Er hat nicht einmal den geringsten Verdacht, dass es in Wirklichkeit darum geht, die Stellung der Frau als bloße Produktionsinstrumente abzuschaffen

Hy het nie eens 'n vermoede dat die eintlike punt is om weg te doen met die status van vroue as blote produksie-instrumente nie

Im übrigen ist nichts lächerlicher als die tugendhafte Empörung unserer Bourgeoisie über die Gemeinschaft der Frauen

Vir die res is niks meer belaglik as die deugsame verontwaardiging van ons bourgeoisie oor die gemeenskap van vroue nie

sie tun so, als ob sie von den Kommunisten offen und offiziell eingeführt werden sollte

hulle gee voor dat dit openlik en amptelik deur die Kommuniste gestig is

Die Kommunisten haben es nicht nötig, die Gemeinschaft der Frauen einzuführen, sie existiert fast seit undenklichen Zeiten

Die Kommuniste het nie nodig om 'n gemeenskap van vroue in te stel nie, dit bestaan amper van ouds af

Unsere Bourgeoisie begnügt sich nicht damit, die Frauen und Töchter ihrer Proletarier zur Verfügung zu haben

Ons bourgeoisie is nie tevrede daarmee om die vrouens en dogters van hul proletariërs tot hul beskikking te hê nie

Sie haben das größte Vergnügen daran, ihre Frauen gegenseitig zu verführen

hulle het die grootste plesier daarin om mekaar se vrouens te verlei

Und das ist noch nicht einmal von gewöhnlichen Prostituierten zu sprechen

en dit is nie eens om van gewone prostitute te praat nie

Die BourgeoisieEhe ist in Wirklichkeit ein System gemeinsamer Ehefrauen

Bourgeoisie-huwelik is in werklikheid 'n stelsel van vrouens in gemeen

dann gibt es eine Sache, die man den Kommunisten vielleicht vorwerfen könnte

dan is daar een ding waaroor die Kommuniste moontlik verwyt kan word

Sie wollen eine offen legalisierte Gemeinschaft von Frauen einführen

hulle begeer om 'n openlik gewettigde gemeenskap van vroue
in te stel
statt einer heuchlerisch verhüllten Gemeinschaft von Frauen
eerder as 'n skynheilige verborge gemeenskap van vroue
Die Gemeinschaft der Frauen, die aus dem
Produktionssystem hervorgegangen ist
die gemeenskap van vroue wat uit die produksiestelsel
ontstaan
Schafft das Produktionssystem ab, und ihr schafft die
Gemeinschaft der Frauen ab
skaf die produksiestelsel af, en jy skaf die gemeenskap van
vroue af
Sowohl die öffentliche Prostitution als auch die private
Prostitution wird abgeschafft
beide openbare prostitusie word afgeskaf, en private
prostitusie
Den Kommunisten wird noch dazu vorgeworfen, sie wollten
Länder und Nationalitäten abschaffen
Die Kommuniste word verder meer verwyt dat hulle lande en
nasionaliteit wil afskaf
Die Arbeiter haben kein Vaterland, also können wir ihnen
nicht nehmen, was sie nicht haben
Die werkers het geen land nie, daarom kan ons nie van hulle
neem wat hulle nie het nie
Das Proletariat muss vor allem die politische Herrschaft
erlangen
Die proletariaat moet eerstens politieke oppergesag verkry
Das Proletariat muss sich zur führenden Klasse der Nation
erheben
die proletariaat moet opstaan om die leidende klas van die
nasie te wees
Das Proletariat muss sich zur Nation konstituieren
die proletariaat moet homself as die nasie konstitueer
sie ist bis jetzt selbst national, wenn auch nicht im
Bourgeoisie Sinne des Wortes

dit is tot dusver self nasionaal, hoewel nie in die bourgeoisie
sin van die woord nie

**Nationale Unterschiede und Gegensätze zwischen den
Völkern verschwinden täglich mehr und mehr**

Nasionale verskille en antagonismes tussen volke verdwyn
daagliks meer en meer

**der Entwicklung der Bourgeoisie, der Freiheit des Handels,
des Weltmarktes**

as gevolg van die ontwikkeling van die bourgeoisie, tot
vryheid van handel, tot die wêreldmark

**zur Gleichförmigkeit der Produktionsweise und der ihr
entsprechenden Lebensbedingungen**

tot eenvormigheid in die produksiewyse en in die
lewensomstandighede wat daarmee ooreenstem

**Die Herrschaft des Proletariats wird sie noch schneller
verschwinden lassen**

Die oppergesag van die proletariaat sal veroorsaak dat hulle
nog vinniger verdwyn

**Die einheitliche Aktion, wenigstens der führenden
zivilisierten Länder, ist eine der ersten Bedingungen für die
Befreiung des Proletariats**

Verenigde optrede, ten minste van die voorste beskaafde
lande, is een van die eerste voorwaardes vir die emansipasie
van die proletariaat

**In dem Maße, wie der Ausbeutung eines Individuums durch
ein anderes ein Ende gesetzt wird, wird auch der
Ausbeutung einer Nation durch eine andere ein Ende
gesetzt.**

In verhouding tot die uitbuiting van een individu deur 'n
ander 'n einde gemaak word, sal die uitbuiting van een nasie
deur 'n ander ook 'n einde gemaak word aan

**In dem Maße, wie der Antagonismus zwischen den Klassen
innerhalb der Nation verschwindet, wird die Feindschaft
einer Nation gegen die andere ein Ende haben**

In mate die antagonisme tussen klasse binne die nasie verdwyn, sal die vyandigheid van een nasie teenoor 'n ander tot 'n einde kom

Die Anschuldigungen gegen den Kommunismus, die von einem religiösen, philosophischen und allgemein von einem ideologischen Standpunkt aus erhoben werden, verdienen keine ernsthafte Prüfung

Die aanklagte teen kommunisme wat vanuit 'n godsdienstige, filosofiese en oor die algemeen vanuit 'n ideologiese oogpunt gemaak word, verdien nie ernstige ondersoek nie

Braucht es eine tiefe Intuition, um zu begreifen, dass sich die Ideen, Ansichten und Vorstellungen des Menschen mit jeder Veränderung der Bedingungen seiner materiellen Existenz ändern?

Vereis dit diep intuïsie om te begryp dat die mens se idees, sienings en opvattings verander met elke verandering in die toestande van sy materiële bestaan?

Ist es nicht offensichtlich, dass das Bewusstsein des Menschen sich Verändert, wenn seine sozialen Beziehungen und sein soziales Leben ändern?

Is dit nie duidelik dat die mens se bewussyn verander wanneer sy sosiale verhoudings en sy sosiale lewe verander nie?

Was beweist die Ideengeschichte anderes, als daß die geistige Produktion ihren Charakter in dem Maße ändert, wie die materielle Produktion verändert wird?

Wat anders bewys die geskiedenis van idees as dat intellektuele produksie sy karakter verander in verhouding tot materiële produksie verander?

Die herrschenden Ideen eines jeden Zeitalters waren immer die Ideen seiner herrschenden Klasse

Die heersende idees van elke era was nog altyd die idees van sy heersersklas

Wenn Menschen von Ideen sprechen, die die Gesellschaft revolutionieren, drücken sie nur eine Tatsache aus

Wanneer mense praat van idees wat 'n rewolusie in die samelewing maak, spreek hulle net een feit uit

Innerhalb der alten Gesellschaft wurden die Elemente einer neuen geschaffen

Binne die ou samelewing is die elemente van 'n nuwe een geskep

und daß die Auflösung der alten Ideen mit der Auflösung der alten Daseinsverhältnisse Schritt hält

en dat die ontbinding van die ou idees ewe tred hou met die ontbinding van die ou bestaansvoorwaardes

Als die Antike in den letzten Zügen lag, wurden die alten Religionen vom Christentum überwunden

Toe die antieke wêreld in sy laaste weë was, is die antieke godsdienste deur die Christendom oorwin

Als die christlichen Ideen im 18. Jahrhundert den rationalistischen Ideen erlagen, kämpfte die feudale Gesellschaft ihren Todeskampf mit der damals revolutionären Bourgeoisie

Toe Christelike idees in die 18de eeu voor rasionalistiese idees beswyk het, het die feodale samelewing sy doodstryd met die destydse revolusionêre bourgeoisie gevoer

Die Ideen der Religions- und Gewissensfreiheit brachten lediglich die Herrschaft des freien Wettbewerbs auf dem Gebiet des Wissens zum Ausdruck

Die idees van godsdiensvryheid en gewetensvryheid het bloot uitdrukking gegee aan die heerskappy van vrye mededinging binne die domein van kennis

"Zweifellos", wird man sagen, "sind religiöse, moralische, philosophische und juristische Ideen im Laufe der geschichtlichen Entwicklung modifiziert worden"

"Ongetwyfeld," sal gesê word, "is godsdienstige, morele, filosofiese en juridiese idees in die loop van historiese ontwikkeling verander"

"Aber Religion, Moralphilosophie, Politikwissenschaft und Recht überlebten diesen Wandel ständig."

"Maar godsdiens, moraliteitsfilosofie, politieke wetenskap en reg het hierdie verandering voortdurend oorleef"

"Es gibt auch ewige Wahrheiten, wie Freiheit, Gerechtigkeit usw."

"Daar is ook ewige waarhede, soos vryheid, geregtigheid, ens."

"Diese ewigen Wahrheiten sind allen Zuständen der Gesellschaft gemeinsam"

"Hierdie ewige waarhede is algemeen vir alle state van die samelewing"

"Aber der Kommunismus schafft die ewigen Wahrheiten ab, er schafft alle Religion und alle Moral ab."

"Maar kommunisme skaf ewige waarhede af, dit skaf alle godsdiens en alle moraliteit af"

"Sie tut dies, anstatt sie auf einer neuen Grundlage zu konstituieren"

"Dit doen dit in plaas daarvan om hulle op 'n nuwe basis te konstitueer"

"Sie handelt daher im Widerspruch zu allen bisherigen historischen Erfahrungen"

"dit tree dus in stryd met alle historiese ervaring uit die verlede op"

Worauf reduziert sich dieser Vorwurf?

Waartoe verminder hierdie beskuldiging homself?

Die Geschichte aller vergangenen Gesellschaften hat in der Entwicklung von Klassengegensätzen bestanden

Die geskiedenis van die hele vorige samelewing het bestaan uit die ontwikkeling van klasse-antagonismes

Antagonismen, die in verschiedenen Epochen unterschiedliche Formen annahmen

antagonismes wat verskillende vorme in verskillende tydperke aangeneem het

Aber welche Form sie auch immer angenommen haben mögen, eine Tatsache ist allen vergangenen Zeitaltern gemeinsam

Maar watter vorm hulle ook al aangeneem het, een feit is algemeen vir alle vorige eeue

die Ausbeutung eines Teils der Gesellschaft durch den anderen

die uitbuiting van die een deel van die samelewing deur die ander

Kein Wunder also, dass sich das gesellschaftliche Bewußtsein vergangener Zeiten innerhalb gewisser allgemeiner Formen oder allgemeiner Vorstellungen bewegt

Geen wonder dus dat die sosiale bewussyn van vorige eeue binne sekere algemene vorme of algemene idees beweeg nie

(und das trotz aller Vielfalt und Vielfalt, die es zeigt)

(en dit is ten spyte van al die veelheid en verskeidenheid wat dit vertoon)

Und diese können nur mit dem gänzlichen Verschwinden der Klassengegensätze völlig verschwinden

en dit kan nie heeltemal verdwyn nie, behalwe met die totale verdwyning van klasse-antagonismes

Die kommunistische Revolution ist der radikalste Bruch mit den traditionellen Eigentumsverhältnissen

Die kommunistiese rewolusie is die mees radikale breuk met tradisionele eiendomsverhoudinge

Kein Wunder, dass ihre Entwicklung den radikalsten Bruch mit den traditionellen Vorstellungen mit sich bringt

Geen wonder dat die ontwikkeling daarvan die mees radikale breuk met tradisionele idees behels nie

Aber lassen wir die Einwände der Bourgeoisie gegen den Kommunismus hinter uns

Maar laat ons klaar wees met die bourgeoisie se besware teen kommunisme

Wir haben oben den ersten Schritt der Arbeiterklasse in der Revolution gesehen

Ons het hierbo die eerste stap in die rewolusie deur die werkersklas gesien

Das Proletariat muss zur Herrschaft erhoben werden, um den Kampf der Demokratie zu gewinnen

Proletariaat moet tot die posisie van regerende verhef word om die stryd van demokrasie te wen

Das Proletariat wird seine politische Vorherrschaft benutzen, um der Bourgeoisie nach und nach alles Kapital zu entreißen

Die proletariaat sal sy politieke oppergesag gebruik om geleidelik alle kapitaal van die bourgeoisie af te ruk

sie wird alle Produktionsmittel in den Händen des Staates zentralisieren

dit sal alle produksie-instrumente in die hande van die staat sentraliseer

Mit anderen Worten, das Proletariat organisierte sich als herrschende Klasse

Met ander woorde, die proletariaat het as die heersersklas georganiseer

Und sie wird die Summe der Produktivkräfte so schnell wie möglich vermehren

en dit sal die totaal van produktiewe kragte so vinnig as moontlik verhoog

Natürlich kann dies anfangs nur durch despotische Eingriffe in die Eigentumsrechte geschehen

Natuurlik kan dit in die begin nie bewerkstellig word nie, behalwe deur middel van despotiese inbreuk op die eiendomsreg

und sie muss unter den Bedingungen der Bourgeoisie Produktion erreicht werden

en dit moet bereik word op die voorwaardes van bourgeoisieproduksie

Sie wird also durch Maßnahmen erreicht, die wirtschaftlich unzureichend und unhaltbar erscheinen

Dit word dus bereik deur middel van maatreëls wat ekonomies onvoldoende en onhoudbaar lyk

aber diese Mittel überflügeln sich im Laufe der Bewegung selbst

maar hierdie middele, in die loop van die beweging, oortref hulself

sie erfordern weitere Eingriffe in die alte Gesellschaftsordnung

dit noodsaak verdere inbreuk op die ou sosiale orde

und sie sind unvermeidlich, um die Produktionsweise völlig zu revolutionieren

en hulle is onvermydelik as 'n manier om die produksiewyse heeltemal te revolusioneer

Diese Maßnahmen werden natürlich in den verschiedenen Ländern unterschiedlich sein

Hierdie maatreëls sal natuurlik in verskillende lande verskil

Nichtsdestotrotz wird in den am weitesten fortgeschrittenen Ländern das Folgende ziemlich allgemein anwendbar sein

Nietemin sal die volgende in die mees gevorderde lande redelik algemeen van toepassing wees

1. Abschaffung des Grundeigentums und Verwendung aller Grundrenten für öffentliche Zwecke.

1. Afskaffing van eiendom in grond en toepassing van alle huurgeld van grond vir openbare doeleindes.

2. Eine hohe progressive oder abgestufte Einkommensteuer.

2. 'n Swaar progressiewe of gegradueerde inkomstebelasting.

3. Abschaffung jeglichen Erbrechts.

3. Afskaffing van alle erfreg.

4. Konfiskation des Eigentums aller Emigranten und Rebellen.

4. Konfiskering van die eiendom van alle emigrante en rebelle.

5. Zentralisierung des Kredits in den Händen des Staates durch eine Nationalbank mit staatlichem Kapital und ausschließlichem Monopol.

5. Sentralisering van krediet in die hande van die staat, deur middel van 'n nasionale bank met staatskapitaal en 'n eksklusiewe monopolie.

6. Zentralisierung der Kommunikations- und Transportmittel in den Händen des Staates.

6. Sentralisering van die kommunikasie- en vervoermiddele in die hande van die staat.

7. **Ausbau der Fabriken und Produktionsmittel im Eigentum des Staates**
7. Uitbreiding van fabrieke en produksie-instrumente wat deur die staat besit word
die Kultivierung von Ödland und die Verbesserung des Bodens überhaupt nach einem gemeinsamen Plan.
die bebouing van woestenye en die verbetering van die grond in die algemeen in ooreenstemming met 'n gemeenskaplike plan.
8. **Gleiche Haftung aller für die Arbeit**
8. Gelyke aanspreeklikheid van almal teenoor arbeid
Aufbau von Industriearmeen, vor allem für die Landwirtschaft.
Vestiging van industriële leërs, veral vir landbou.
9. **Kombination der Landwirtschaft mit dem verarbeitenden Gewerbe**
9. Kombinasie van landbou met vervaardigingsbedrywe
allmähliche Aufhebung der Unterscheidung zwischen Stadt und Land durch eine gleichmäßigere Verteilung der Bevölkerung über das Land.
geleidelike afskaffing van die onderskeid tussen stad en land, deur 'n meer gelyke verspreiding van die bevolking oor die land.
10. **Kostenlose Bildung für alle Kinder in öffentlichen Schulen.**
10. Gratis onderwys vir alle kinders in openbare skole.
Abschaffung der Kinderfabrikarbeit in ihrer jetzigen Form
Afskaffing van kinderfabrieksarbeid in sy huidige vorm
Kombination von Bildung und industrieller Produktion
Kombinasie van onderwys met industriële produksie
Wenn im Laufe der Entwicklung die Klassenunterschiede verschwunden sind
Wanneer klasseverskille in die loop van die ontwikkeling verdwyn het
und wenn die ganze Produktion in den Händen einer ungeheuren Assoziation der ganzen Nation konzentriert ist

en wanneer alle produksie in die hande van 'n groot
vereniging van die hele nasie gekonsentreer is

dann verliert die Staatsgewalt ihren politischen Charakter

dan sal die openbare mag sy politieke karakter verloor

**Politische Macht, eigentlich so genannt, ist nichts anderes
als die organisierte Macht einer Klasse, um eine andere zu
unterdrücken**

Politieke mag, behoorlik so genoem, is bloot die
georganiseerde mag van een klas om 'n ander te onderdruk

**Wenn das Proletariat in seinem Kampf mit der Bourgeoisie
durch die Gewalt der Umstände gezwungen ist, sich als
Klasse zu organisieren**

As die proletariaat tydens sy stryd met die bourgeoisie deur
die krag van omstandighede gedwing word om homself as 'n
klas te organiseer

**wenn sie sich durch eine Revolution zur herrschenden
Klasse macht**

as dit homself deur middel van 'n rewolusie die heersersklas
maak

**und als solche fegt sie mit Gewalt die alten
Produktionsbedingungen hinweg**

en as sodanig vee dit die ou produksietoestande met geweld
weg

**dann wird sie mit diesen Bedingungen auch die
Bedingungen für die Existenz der Klassengegensätze und
der Klassen überhaupt hinweggefegt haben**

dan sal dit, saam met hierdie toestande, die voorwaardes vir
die bestaan van klasse-antagonismes en van klasse in die
algemeen weggevee het

**und wird damit seine eigene Vorherrschaft als Klasse
aufgehoben haben.**

en daardeur sy eie oppergesag as 'n klas afgeskaf het.

**An die Stelle der alten Bourgeoisie Gesellschaft mit ihren
Klassen und Klassengegensätzen treten eine Assoziation**

In die plek van die ou bourgeoisie-samelewing, met sy klasse
en klasse-antagonismes, sal ons 'n assosiasie hê

eine Assoziation, in der die freie Entwicklung eines jeden die Bedingung für die freie Entwicklung aller ist

'n vereniging waarin die vrye ontwikkeling van elkeen die voorwaarde is vir die vrye ontwikkeling van almal

1) Reaktionärer Sozialismus
1) Reaksionêre sosialisme

a) Feudaler Sozialismus
a) Feodale sosialisme

die Aristokratien Frankreichs und Englands hatten eine einzigartige historische Stellung
die aristokrasieë van Frankryk en Engeland het 'n unieke historiese posisie gehad

es wurde zu ihrer Berufung, Pamphlete gegen die moderne Boureoisie Gesellschaft zu schreiben
dit het hul roeping geword om pamflette teen die moderne bourgeoisie-samelewing te skryf

In der französischen Revolution vom Juli 1830 und in der englischen Reformagitation
In die Franse rewolusie van Julie 1830, en in die Engelse hervormingsegitasie

Diese Aristokratien erlagen wieder dem hasserfüllten Emporkömmling
Hierdie aristokrasieë het weer voor die haatlike opkoms geswig

An eine ernsthafte politische Auseinandersetzung war fortan nicht mehr zu denken
Van toe af was 'n ernstige politieke wedstryd heeltemal buite die kwessie

Alles, was möglich blieb, war eine literarische Schlacht, keine wirkliche Schlacht
Al wat moontlik gebly het, was literêre stryd, nie 'n werklike stryd nie

Aber auch auf dem Gebiet der Literatur waren die alten Schreie der Restaurationszeit unmöglich geworden
Maar selfs op die gebied van literatuur het die ou krete van die hersteltydperk onmoontlik geword

Um Sympathie zu erregen, mußte die Aristokratie offenbar ihre eigenen Interessen aus den Augen verlieren

Om simpatie te wek, was die aristokrasie verplig om blykbaar hul eie belange uit die oog te verloor

und sie waren gezwungen, ihre Anklage gegen die Bourgeoisie im Interesse der ausgebeuteten Arbeiterklasse zu formulieren

en hulle was verplig om hul aanklag teen die bourgeoisie te formuleer in belang van die uitgebuite werkersklas

So rächte sich die Aristokratie, indem sie ihren neuen Herrn verspottete

So het die aristokrasie wraak geneem deur beledigings op hul nuwe meester te sing

Und sie rächten sich, indem sie ihm unheimliche Prophezeiungen über die kommende Katastrophe ins Ohr flüsterten

en hulle het wraak geneem deur sinistere profesieë van komende rampspoed in sy ore te fluister

So entstand der feudale Sozialismus: halb Klage, halb Spott

Op hierdie manier het Feodale sosialisme ontstaan: half klaaglied, half bespotting

Es klang halb wie ein Echo der Vergangenheit und projizierte halb die Bedrohung der Zukunft

dit het weerklink as 'n halwe eggo van die verlede en 'n halwe bedreiging van die toekoms geprojekteer

zuweilen traf sie durch ihre bittere, geistreiche und scharfe Kritik die Bourgeoisie bis ins Mark

soms, deur sy bitter, geestige en skerp kritiek, het dit die bourgeoisie tot in die hart se kern getref

aber es war immer lächerlich in seiner Wirkung, weil es völlig unfähig war, den Gang der neueren Geschichte zu begreifen

maar dit was altyd belaglik in sy effek, deur totale onvermoë om die opmars van die moderne geskiedenis te begryp

Die Aristokratie schwenkte, um das Volk um sich zu scharen, den proletarischen Almosensack als Banner

Om die volk by hulle te versamel, het die aristokrasie die proletariese aalmoessak voor 'n banier geswaai

Aber das Volk, so oft es sich zu ihnen gesellte, sah auf seinem Hinterteil die alten Feudalwappen

Maar die mense, so dikwels as wat dit by hulle aangesluit het, het op hul agterkwart die ou feodale wapens gesien

Und sie verließen mit lautem und respektlosem Gelächter

en hulle het met harde en oneerbiedige gelag verlaat

Ein Teil der französischen Legitimisten und des "jungen Englands" zeigte dieses Schauspiel

Een deel van die Franse Legitimiste en "Jong Engeland" het hierdie skouspel vertoon

die Feudalisten wiesen darauf hin, dass ihre Ausbeutungsweise eine andere sei als die der Bourgeoisie

die feodaliste het daarop gewys dat hul manier van uitbuiting anders was as dié van die bourgeoisie

Die Feudalisten vergessen, dass sie unter ganz anderen Umständen und Bedingungen ausgebeutet haben

Die feodaliste vergeet dat hulle uitgebuit het onder omstandighede en omstandighede wat heeltemal anders was

Und sie haben nicht bemerkt, dass solche Methoden der Ausbeutung heute veraltet sind

en hulle het nie opgemerk dat sulke metodes van uitbuiting nou verouderd is nie

Sie zeigten, dass unter ihrer Herrschaft das moderne Proletariat nie existiert hat

Hulle het getoon dat die moderne proletariaat onder hul heerskappy nooit bestaan het nie

aber sie vergessen, daß die moderne Bourgeoisie der notwendige Sprößling ihrer eigenen Gesellschaftsform ist

maar hulle vergeet dat die moderne bourgeoisie die noodsaaklike nageslag van hul eie samelewingsvorm is

Im übrigen verbergen sie kaum den reaktionären Charakter ihrer Kritik

Vir die res verberg hulle skaars die reaksionêre karakter van hul kritiek

ihre Hauptanklage gegen die Bourgeoisie läuft auf folgendes hinaus

hul hoofbeskuldiging teen die bourgeoisie kom neer op die volgende

unter dem Boureoisie Regime entwickelt sich eine soziale Klasse

onder die bourgeoisie-regime word 'n sosiale klas ontwikkel

Diese soziale Klasse ist dazu bestimmt, die alte Gesellschaftsordnung an der Wurzel zu zerschneiden

Hierdie sosiale klas is bestem om die ou orde van die samelewing wortel te sny en te vertak

Womit sie die Bourgeoisie aufpeppen, ist nicht so sehr, dass sie ein Proletariat schafft

Waarmee hulle die bourgeoisie verwyt, is nie soseer dat dit 'n proletariaat skep nie

womit sie die Bourgeoisie aufpeppen, ist mehr, dass sie ein revolutionäres Proletariat schafft

waarmee hulle die bourgeoisie verwyt, is meer dat dit 'n revolusionêre proletariaat skep

In der politischen Praxis beteiligen sie sich daher an allen Zwangsmaßnahmen gegen die Arbeiterklasse

In die politieke praktyk neem hulle dus deel aan alle dwangmaatreëls teen die werkersklas

Und im gewöhnlichen Leben bücken sie sich, trotz ihrer hochtrabenden Phrasen, um die goldenen Äpfel aufzuheben, die vom Baum der Industrie fallen gelassen wurden

en in die gewone lewe, ten spyte van hul hoogstaande frases, buk hulle om die goue appels op te tel wat van die boom van die nywerheid geval het

Und sie tauschen Wahrheit, Liebe und Ehre gegen den Handel mit Wolle, Rote-Bete-Zucker und Kartoffelbränden

en hulle verruil waarheid, liefde en eer vir handel in wol, beetsuiker en aartappelgeeste

Wie der Pfarrer immer Hand in Hand mit dem Gutsherrn gegangen ist, so ist es der klerikale Sozialismus mit dem feudalen Sozialismus getan

Soos die dominee nog altyd hand aan hand gegaan het met die grondeienaar, so het geestelike sosialisme met feodale sosialisme gegaan

Nichts ist leichter, als der christlichen Askese einen sozialistischen Anstrich zu geben

Niks is makliker as om Christelike asketisme 'n sosialistiese tint te gee nie

Hat nicht das Christentum gegen das Privateigentum, gegen die Ehe, gegen den Staat deklamiert?

Het die Christendom nie teen privaat eiendom, teen die huwelik, teen die staat verklaar nie?

Hat das Christentum nicht an die Stelle dieser Nächstenliebe und Armut getreten?

Het die Christendom nie in die plek hiervan gepreek nie, liefdadigheid en armoede?

Predigt das Christentum nicht den Zölibat und die Abtötung des Fleisches, das monastische Leben und die Mutter Kirche?

Verkondig die Christendom nie selibaat en versterwing van die vlees, kloosterlewe en Moederkerk nie?

Der christliche Sozialismus ist nur das Weihwasser, mit dem der Priester das Herzbrennen des Aristokraten weiht

Christelike sosialisme is maar net die heilige water waarmee die priester die hartbrande van die aristokraat inwy

b) Kleinbürgerlicher Sozialismus
b) Kleinburgerlike sosialisme

**Die feudale Aristokratie war nicht die einzige Klasse, die
von der Bourgeoisie ruiniert wurde**
Die feodale aristokrasie was nie die enigste klas wat deur die
bourgeoisie geruïneer is nie
**sie war nicht die einzige Klasse, deren Existenzbedingungen
in der Atmosphäre der modernen Bourgeoisie Gesellschaft
schmachten und zugrunde gingen**
dit was nie die enigste klas wie se bestaansomstandighede in
die atmosfeer van die moderne bourgeoisie-samelewing
vergaan het nie
**Die mittelalterliche Bürgerschaft und die kleinbäuerlichen
Eigentümer waren die Vorläufer des modernen Bourgeoisie**
Die Middeleeuse burgers en die klein boere-eienaars was die
voorlopers van die moderne bourgeoisie
**In den Ländern, die industriell und kommerziell nur wenig
entwickelt sind, vegetieren diese beiden Klassen noch Seite
an Seite**
In lande wat industrieel en kommersieel maar min ontwikkel
is, vegeteer hierdie twee klasse steeds langs mekaar
**und in der Zwischenzeit erhebt sich die Bourgeoisie neben
ihnen: industriell, kommerziell und politisch**
en intussen staan die bourgeoisie langs hulle op: industrieel,
kommersieel en polities
**In den Ländern, in denen die moderne Zivilisation voll
entwickelt ist, hat sich eine neue Klasse des
Kleinbourgeoisie gebildet**
In lande waar die moderne beskawing ten volle ontwikkel is,
is 'n nuwe klas kleinburgery gevorm
**diese neue soziale Klasse schwankt zwischen Proletariat
und Bourgeoisie**
hierdie nuwe sosiale klas wissel tussen proletariaat en
bourgeoisie

**und sie erneuert sich ständig als ergänzender Teil der
Bourgeoisie Gesellschaft**

en dit vernuwe homself altyd as 'n aanvullende deel van die
bourgeoisie-samelewing

**Die einzelnen Glieder dieser Klasse aber werden
fortwährend in das Proletariat hinabgeschleudert**

Die individuele lede van hierdie klas word egter voortdurend
in die proletariaat neergeslinger

**sie werden vom Proletariat durch die Einwirkung der
Konkurrenz aufgesaugt**

hulle word deur die proletariaat deur die aksie van
mededinging opgesuig

**In dem Maße, wie sich die moderne Industrie entwickelt,
sehen sie sogar den Augenblick herannahen, in dem sie als
eigenständiger Teil der modernen Gesellschaft völlig
verschwinden wird**

Namate die moderne nywerheid ontwikkel, sien hulle selfs die
oomblik nader kom wanneer hulle heeltemal sal verdwyn as
'n onafhanklike deel van die moderne samelewing

**Sie werden in der Manufaktur, in der Landwirtschaft und
im Handel durch Aufseher, Gerichtsvollzieher und Krämer
ersetzt werden**

hulle sal in vervaardigings, landbou en handel vervang word
deur opsieners, balju en winkeliers

**In Ländern wie Frankreich, wo die Bauern weit mehr als die
Hälfte der Bevölkerung ausmachen**

In lande soos Frankryk, waar die boere veel meer as die helfte
van die bevolking uitmaak

**es war natürlich, dass es Schriftsteller gab, die sich auf die
Seite des Proletariats gegen die Bourgeoisie stellten**

dit was natuurlik dat daar skrywers is wat hulle aan die kant
van die proletariaat teen die bourgeoisie geskaar het

**in ihrer Kritik am Bourgeoisie Regime benutzten sie den
Maßstab des Bauern- und Kleinbourgeoisie**

in hul kritiek op die bourgeoisie-regime het hulle die
standaard van die boere- en kleinbourgeoisie gebruik

Und vom Standpunkt dieser Zwischenklassen aus ergreifen sie die Keule für die Arbeiterklasse

en vanuit die oogpunt van hierdie intermediêre klasse neem hulle die knuppels vir die werkersklas op

So entstand der Kleinbourgeoisie Sozialismus, dessen Haupt Sismondi nicht nur in Frankreich, sondern auch in England war

So het die kleinburgerlike sosialisme, waarvan Sismondi die hoof van hierdie skool was, nie net in Frankryk nie, maar ook in Engeland ontstaan

Diese Schule des Sozialismus sezierte mit großer Schärfe die Widersprüche in den Bedingungen der modernen Produktion

Hierdie skool van sosialisme het die teenstrydighede in die toestande van moderne produksie met groot skerpte ontleed

Diese Schule entlarvte die heuchlerischen Entschuldigungen der Ökonomen

Hierdie skool het die skynheilige verskonings van ekonome blootgelê

Diese Schule bewies unwiderlegbar die verheerenden Auswirkungen der Maschinerie und der Arbeitsteilung

Hierdie skool het onbetwisbaar die rampspoedige gevolge van masjinerie en arbeidsverdeling bewys

Es bewies die Konzentration von Kapital und Grund und Boden in wenigen Händen

Dit het die konsentrasie van kapitaal en grond in 'n paar hande bewys

sie bewies, wie Überproduktion zu Bourgeoisie-Krisen führt

dit het bewys hoe oorproduksie tot bourgeoisiekrisisse lei

sie wies auf den unvermeidlichen Ruin des Kleinbourgeoisie' und der Bauern hin

dit het gewys op die onvermydelike ondergang van die kleinbourgeoisie en

das Elend des Proletariats, die Anarchie in der Produktion, die schreiende Ungleichheit in der Verteilung des Reichtums

die ellende van die proletariaat, die anargie in produksie, die
skreeuende ongelykhede in die verspreiding van rykdom
**Er zeigte, wie das Produktionssystem den industriellen
Vernichtungskrieg zwischen den Nationen führt**
Dit het gewys hoe die produksiestelsel die industriële oorlog
van uitwissing tussen nasies lei
**die Auflösung der alten sittlichen Bande, der alten
Familienverhältnisse, der alten Nationalitäten**
die ontbinding van ou morele bande, van die ou
familieverhoudinge, van die ou nasionaliteite
**In ihren positiven Zielen strebt diese Form des Sozialismus
jedoch eines von zwei Dingen an**
In sy positiewe doelwitte streef hierdie vorm van sosialisme
egter daarna om een van twee dinge te bereik
**Entweder zielt sie darauf ab, die alten Produktions- und
Tauschmittel wiederherzustellen**
óf dit het ten doel om die ou produksie- en ruilmiddele te
herstel
**und mit den alten Produktionsmitteln würde sie die alten
Eigentumsverhältnisse und die alte Gesellschaft
wiederherstellen**
en met die ou produksiemiddele sou dit die ou
eiendomsverhoudinge en die ou samelewing herstel
**oder sie zielt darauf ab, die modernen Produktions- und
Austauschmittel in den alten Rahmen der
Eigentumsverhältnisse zu zwängen**
of dit het ten doel om die moderne produksie- en ruilmiddele
in die ou raamwerk van die eiendomsverhoudinge te betrek
In beiden Fällen ist es sowohl reaktionär als auch utopisch
In beide gevalle is dit beide reaksionêr en utopies
**Seine letzten Worte lauten: Korporativzünfte für die
Manufaktur, patriarchalische Verhältnisse in der
Landwirtschaft**
Sy laaste woorde is: korporatiewe gildes vir vervaardiging,
patriargale verhoudings in die landbou

Schließlich, als hartnäckige historische Tatsachen alle berauschenden Wirkungen der Selbsttäuschung zerstreut hatten,
Uiteindelik, toe hardnekkige historiese feite alle bedwelmende gevolge van selfbedrog versprei het
diese Form des Sozialismus endete in einem elenden Anfall von Mitleid
hierdie vorm van sosialisme het geëindig in 'n ellendige vlaag van jammerte

c) Deutscher oder "wahrer" Sozialismus
c) Duitse, of "ware", sosialisme

Die sozialistische und kommunistische Literatur Frankreichs entstand unter dem Druck einer herrschenden Bourgeoisie
Die sosialistiese en kommunistiese literatuur van Frankryk het ontstaan onder die druk van 'n bourgeoisie aan bewind
Und diese Literatur war der Ausdruck des Kampfes gegen diese Macht
en hierdie literatuur was die uitdrukking van die stryd teen hierdie mag
sie wurde in Deutschland zu einer Zeit eingeführt, als die Bourgeoisie gerade ihren Kampf mit dem feudalen Absolutismus begonnen hatte
dit is in Duitsland ingebring in 'n tyd toe die bourgeoisie pas sy stryd met feodale absolutisme begin het
Deutsche Philosophen, Möchtegern-Philosophen und Beaux Esprits griffen begierig zu dieser Literatur
Duitse filosowe, voornemende filosowe en beaux esprits, het hierdie literatuur gretig aangegryp
aber sie vergaßen, daß die Schriften aus Frankreich nach Deutschland einwanderten, ohne die französischen Gesellschaftsverhältnisse mitzubringen
maar hulle het vergeet dat die geskrifte van Frankryk na Duitsland geïmmigreer het sonder om die Franse sosiale toestande saam te bring
Im Kontakt mit den deutschen gesellschaftlichen Verhältnissen verlor diese französische Literatur ihre unmittelbare praktische Bedeutung
In kontak met Duitse sosiale toestande het hierdie Franse literatuur al sy onmiddellike praktiese betekenis verloor
und die kommunistische Literatur Frankreichs nahm in deutschen akademischen Kreisen einen rein literarischen Aspekt an

en die kommunistiese literatuur van Frankryk het 'n suiwer
literêre aspek in Duitse akademiese kringe aangeneem

**So waren die Forderungen der ersten Französischen
Revolution nichts anderes als die Forderungen der
"praktischen Vernunft"**

Die eise van die eerste Franse rewolusie was dus niks anders
as die eise van "Praktiese Rede" nie

**und die Willensäußerung der revolutionären französischen
Bourgeoisie bedeutete in ihren Augen das Gesetz des reinen
Willens**

en die uiting van die wil van die revolusionêre Franse
bourgeoisie het in hulle oë die wet van suiwer wil aangedui

**es bedeutete den Willen, wie er sein mußte; des wahren
menschlichen Willens überhaupt**

dit het Wil aangedui soos dit verplig was om te wees; van
ware menslike wil oor die algemeen

**Die Welt der deutschen Literaten bestand einzig und allein
darin, die neuen französischen Ideen mit ihrem alten
philosophischen Gewissen in Einklang zu bringen**

Die wêreld van die Duitse literatuur het uitsluitlik daarin
bestaan om die nuwe Franse idees in harmonie te bring met
hul antieke filosofiese gewete

**oder vielmehr, sie annektierten die französischen Ideen,
ohne ihren eigenen philosophischen Standpunkt
aufzugeben**

of eerder, hulle het die Franse idees geannekseer sonder om
hul eie filosofiese standpunt te laat vaar

**Diese Annexion vollzog sich auf die gleiche Weise, wie man
sich eine Fremdsprache aneignet, nämlich durch
Übersetzung**

Hierdie anneksasie het plaasgevind op dieselfde manier as
wat 'n vreemde taal toegeëien word, naamlik deur vertaling

**Es ist bekannt, wie die Mönche alberne Leben katholischer
Heiliger über Manuskripte schrieben**

Dit is welbekend hoe die monnike simpel lewens van
Katolieke Heiliges oor manuskripte geskryf het

die Manuskripte, auf denen die klassischen Werke des antiken Heidentums geschrieben waren

Die manuskripte waarop die klassieke werke van antieke Heathendom geskryf is

Die deutschen Literaten kehrten diesen Prozess mit der profanen französischen Literatur um

Die Duitse literatuur het hierdie proses omgekeer met die profane Franse literatuur

Sie schrieben ihren philosophischen Unsinn unter das französische Original

Hulle het hul filosofiese nonsens onder die Franse oorspronklike geskryf

Zum Beispiel schrieben sie unter der französischen Kritik an den ökonomischen Funktionen des Geldes "Entfremdung der Menschheit"

Onder die Franse kritiek op die ekonomiese funksies van geld het hulle byvoorbeeld "Vervreemding van die mensdom" geskryf

unter die französische Kritik am Bourgeoisie Staat schrieben sie "Entthronung der Kategorie des Generals"

onder die Franse kritiek op die bourgeoisiestaat het hulle geskryf "onttrooning van die kategorie van die generaal"

Die Einführung dieser philosophischen Phrasen hinter der französischen Geschichtskritik nannten sie:

Die bekendstelling van hierdie filosofiese frases agter in die Franse historiese kritiek wat hulle genoem het:

"Philosophie des Handelns", "Wahrer Sozialismus", "Deutsche Sozialismuswissenschaft", "Philosophische Grundlagen des Sozialismus" und so weiter

"Filosofie van aksie", "Ware sosialisme", "Duitse wetenskap van sosialisme", "Filosofiese grondslag van sosialisme," ensovoorts

Die französische sozialistische und kommunistische Literatur wurde damit völlig entmannt

Die Franse sosialistiese en kommunistiese literatuur is dus heeltemal ontman

in den Händen der deutschen Philosophen hörte sie auf, den Kampf der einen Klasse mit der anderen auszudrücken

in die hande van die Duitse filosowe het dit opgehou om die stryd van die een klas met die ander uit te druk

und so fühlten sich die deutschen Philosophen bewußt, die "französische Einseitigkeit" überwunden zu haben

en so het die Duitse filosowe bewus gevoel dat hulle "Franse eensydigheid" oorkom het

Sie musste keine wahren Forderungen repräsentieren, sondern sie repräsentierte Forderungen der Wahrheit

dit hoef nie ware vereistes voor te stel nie, maar eerder vereistes van waarheid

es gab kein Interesse am Proletariat, sondern an der menschlichen Natur

daar was geen belangstelling in die proletariaat nie, maar eerder belangstelling in die menslike natuur

das Interesse galt dem Menschen überhaupt, der keiner Klasse angehört und keine Wirklichkeit hat

die belangstelling was in die mens in die algemeen, wat aan geen klas behoort nie, en geen werklikheid het nie

ein Mann, der nur im nebligen Reich der philosophischen Fantasie existiert

'n Man wat slegs in die mistige ryk van filosofiese fantasie bestaan

aber schließlich verlor auch dieser deutsche Schulsozialismus seine pedantische Unschuld

maar uiteindelik het hierdie skoolseun Duitse sosialisme ook sy pedantiese onskuld verloor

die deutsche Bourgeoisie und besonders die preußische Bourgeoisie kämpfte gegen die feudale Aristokratie

die Duitse bourgeoisie, en veral die Pruisiese bourgeoisie, het teen feodale aristokrasie geveg

auch die absolute Monarchie Deutschlands und Preußens wurde bekämpft

die absolute monargie van Duitsland en Pruise is ook gebuk teen

Und im Gegenzug wurde auch die Literatur der liberalen Bewegung ernster

en op sy beurt het die literatuur van die liberale beweging ook ernstiger geword

Deutschlands lang ersehnte Chance auf einen "wahren" Sozialismus wurde geboten

Duitsland se lang verlangde geleentheid vir "ware" sosialisme is aangebied

die Möglichkeit, die politische Bewegung mit den sozialistischen Forderungen zu konfrontieren

die geleentheid om die politieke beweging met die sosialistiese eise te konfronteer

die Gelegenheit, die traditionellen Bannsprüche gegen den Liberalismus zu schleudern

die geleentheid om die tradisionele anathemas teen liberalisme te gooi

die Möglichkeit, die repräsentative Regierung und die Bourgeoisie Konkurrenz anzugreifen

die geleentheid om verteenwoordigende regering en bourgeoisie-mededinging aan te val

Pressefreiheit der Bourgeoisie, Bourgeoisie Gesetzgebung, Bourgeoisie Freiheit und Gleichheit

Bourgeoisie persvryheid, Bourgeoisie wetgewing, Bourgeoisie vryheid en gelykheid

All dies könnte nun in der realen Welt kritisiert werden, anstatt in der Fantasie

Al hierdie kan nou in die regte wêreld gekritiseer word, eerder as in fantasie

Feudalaristokratie und absolute Monarchie hatten den Massen lange gepredigt

Feodale aristokrasie en absolute monargie het lankal aan die massas gepreek

"Der Arbeiter hat nichts zu verlieren und er hat alles zu gewinnen"

"Die werkende man het niks om te verloor nie, en hy het alles om te wen"

auch die Bourgeoisie bewegung bot eine Chance, sich mit diesen Plattitüden auseinanderzusetzen

die Bourgeoisie-beweging het ook 'n kans gebied om hierdie platitudes te konfronteer

die französische Kritik setzte die Existenz der modernen Bourgeoisie Gesellschaft voraus

die Franse kritiek het die bestaan van die moderne bourgeoisie-samelewing veronderstel

Bourgeoisie, ökonomische Existenzbedingungen und Bourgeoisie politische Verfassung

Bourgeoisie ekonomiese bestaansvoorwaardes en Bourgeoisie politieke grondwet

gerade die Dinge, deren Errungenschaft Gegenstand des in Deutschland anstehenden Kampfes war

die einste dinge waarvan die bereiking die voorwerp van die hangende stryd in Duitsland was

Deutschlands albernes Echo des Sozialismus hat diese Ziele gerade noch rechtzeitig aufgegeben

Duitsland se simpel eggo van sosialisme het hierdie doelwitte net op die nippertjie laat vaar

Die absoluten Regierungen hatten ihre Gefolgschaft aus Pfarrern, Professoren, Landjunkern und Beamten

Die absolute regerings het hul aanhang van predikante, professore, plattelandse wapendraers en amptenare gehad

die damalige Regierung begegnete den deutschen Arbeiteraufständen mit Auspeitschungen und Kugeln

die destydse regering het die Duitse werkersklas-opstande met geseling en koeëls tegemoet gekom

ihnen diente dieser Sozialismus als willkommene Vogelscheuche gegen die drohende Bourgeoisie

vir hulle het hierdie sosialisme gedien as 'n welkome voëlverskrikker teen die dreigende bourgeoisie

und die deutsche Regierung konnte nach den bitteren Pillen, die sie austeilte, ein süßes Dessert anbieten

en die Duitse regering kon 'n soet nagereg aanbied na die bitter pille wat hy uitgedeel het

dieser "wahre" Sozialismus diente also den Regierungen als Waffe im Kampf gegen die deutsche Bourgeoisie

hierdie "ware" sosialisme het dus die regerings gedien as 'n wapen om die Duitse bourgeoisie te beveg

und gleichzeitig repräsentierte sie direkt ein reaktionäres Interesse; die der deutschen Philister

en terselfdertyd verteenwoordig dit direk 'n reaksionêre belang; dié van die Duitse Filistyne

In Deutschland ist das Kleinbourgeoisie die wirkliche gesellschaftliche Grundlage des bestehenden Zustandes

In Duitsland is die kleinburgerlike klas die werklike sosiale basis van die bestaande stand van sake

Ein Relikt des sechzehnten Jahrhunderts, das immer wieder in verschiedenen Formen auftaucht

'n oorblyfsel van die sestiende eeu wat voortdurend onder verskillende vorme opgeduik het

Diese Klasse zu bewahren bedeutet, den bestehenden Zustand in Deutschland zu bewahren

Om hierdie klas te bewaar, is om die bestaande stand van sake in Duitsland te bewaar

Die industrielle und politische Vorherrschaft der Bourgeoisie bedroht das KleinBourgeoisie mit der sicheren Vernichtung

Die industriële en politieke oppergesag van die bourgeoisie bedreig die kleinburgery met sekere vernietiging

auf der einen Seite droht sie das Kleinbourgeoisiedurch die Konzentration des Kapitals zu vernichten

aan die een kant dreig dit om die kleinburgery te vernietig deur die konsentrasie van kapitaal

auf der anderen Seite droht die Bourgeoisie, sie durch den Aufstieg eines revolutionären Proletariats zu zerstören

aan die ander kant dreig die bourgeoisie om dit te vernietig deur die opkoms van 'n revolusionêre proletariaat

Der "wahre" Sozialismus schien diese beiden Fliegen mit einer Klappe zu schlagen. Es breitete sich wie eine Epidemie aus

Dit lyk asof die "ware" sosialisme hierdie twee voëls in een klap doodmaak. Dit het soos 'n epidemie versprei

Das Gewand spekulativer Spinnweben, bestickt mit Blumen der Rhetorik, durchtränkt vom Tau kränklicher Gefühle

Die kleed van spekulatiewe spinnerakke, geborduurd met blomme van retoriek, deurdrenk van die dou van sieklike sentiment

dieses transzendentale Gewand, in das die deutschen Sozialisten ihre traurigen "ewigen Wahrheiten" hüllten

hierdie transendentale kleed waarin die Duitse sosialiste hul jammerlike "ewige waarhede" toegedraai het

alle Haut und Knochen, dienten dazu, den Absatz ihrer Waren bei einem solchen Publikum wunderbar zu vermehren.

alle vel en been, het gedien om die verkoop van hul goedere onder so 'n publiek wonderlik te verhoog

Und der deutsche Sozialismus seinerseits erkannte mehr und mehr seine eigene Berufung

En op sy beurt het die Duitse sosialisme meer en meer sy eie roeping erken

sie war berufen, die bombastische Vertreterin des Kleinbourgeoisie Philisters zu sein

dit is geroep om die bombastiese verteenwoordiger van die kleinburgerlike Filistyn te wees

Sie proklamierte die deutsche Nation als Musternation und den deutschen Kleinphilister als Mustermann

Dit het die Duitse nasie as die modelnasie verklaar, en die Duitse klein Filistyn die modelman

Jeder schurkischen Gemeinheit dieses Mustermenschen gab sie eine verborgene, höhere, sozialistische Deutung

Aan elke skurkagtige gemeenheid van hierdie modelman het dit 'n verborge, hoër, sosialistiese interpretasie gegee

diese höhere, sozialistische Deutung war das genaue Gegenteil ihres wirklichen Charakters

hierdie hoër, sosialistiese interpretasie was presies die teenoorgestelde van sy werklike karakter

Sie ging so weit, sich der "brutal destruktiven" Tendenz des Kommunismus direkt entgegenzustellen

Dit het tot die uiterste gegaan om die "wreed vernietigende" neiging van kommunisme direk teen te staan

und sie proklamierte ihre höchste und unparteiische Verachtung aller Klassenkämpfe

en dit het sy hoogste en onpartydige minagting van alle klassestryd verkondig

Mit sehr wenigen Ausnahmen gehören alle sogenannten sozialistischen und kommunistischen Publikationen, die jetzt (1847) in Deutschland zirkulieren, in den Bereich dieser üblen und entnervenden Literatur

Met baie min uitsonderings behoort al die sogenaamde sosialistiese en kommunistiese publikasies wat nou (1847) in Duitsland sirkuleer, tot die domein van hierdie vuil en enerverende literatuur

2) Konservativer Sozialismus oder bürgerlicher Sozialismus
2) Konserwatiewe sosialisme, of bourgeoisie sosialisme

Ein Teil der Bourgeoisie will soziale Missstände beseitigen
'n Deel van die bourgeoisie wil graag sosiale griewe regstel
um den Fortbestand der Bourgeoisie Gesellschaft zu sichern
om die voortbestaan van die bourgeoisie-samelewing te
verseker
**Zu dieser Sektion gehören Ökonomen, Philanthropen,
Menschenfreunde**
Tot hierdie afdeling behoort ekonome, filantrope, humanitêre
**Verbesserer der Lage der Arbeiterklasse und Organisatoren
der Wohltätigkeit**
verbeteraars van die toestand van die werkersklas en
organiseerders van liefdadigheid
**Mitglieder von Gesellschaften zur Verhütung von
Tierquälerei**
lede van verenigings vir die voorkoming van wreedheid
teenoor diere
**Mäßigkeitsfanatiker, Loch-und-Ecken-Reformer aller
erdenklichen Art**
matigheidsfanatici, gat-en-hoek-hervormers van elke
denkbare soort
**Diese Form des Sozialismus ist überdies zu vollständigen
Systemen ausgearbeitet worden**
Hierdie vorm van sosialisme is boonop in volledige stelsels
uitgewerk
**Als Beispiel für diese Form sei Proudhons "Philosophie de
la Misère" angeführt**
Ons kan Proudhon se "Philosophie de la Misère" as 'n
voorbeeld van hierdie vorm noem
**Die sozialistische Bourgeoisie will alle Vorteile der
modernen gesellschaftlichen Verhältnisse**
Die sosialistiese bourgeoisie wil al die voordele van moderne
sosiale toestande hê

aber die sozialistische Bourgeoisie will nicht unbedingt die daraus resultierenden Kämpfe und Gefahren

maar die sosialistiese bourgeoisie wil nie noodwendig die gevolglike stryd en gevare hê nie

Sie wollen den bestehenden Zustand der Gesellschaft, abzüglich ihrer revolutionären und zerfallenden Elemente

Hulle begeer die bestaande toestand van die samelewing, minus sy revolusionêre en verbrokkelende elemente

mit anderen Worten, sie wünschen sich eine Bourgeoisie ohne Proletariat

met ander woorde, hulle wens 'n bourgeoisie sonder 'n proletariaat

Die Bourgeoisie begreift natürlich die Welt, in der sie die höchste ist, die Beste zu sein

Die bourgeoisie bedink natuurlik die wêreld waarin dit oppermagtig is om die beste te wees

und der Bourgeoisie Sozialismus entwickelt diese bequeme Auffassung zu verschiedenen mehr oder weniger vollständigen Systemen

en Bourgeoisie Sosialisme ontwikkel hierdie gemaklike opvatting in verskeie min of meer volledige stelsels

sie wünschen sich sehr, dass das Proletariat geradewegs in das soziale Neue Jerusalem marschiert

hulle wil baie graag hê dat die proletariaat dadelik na die sosiale Nuwe Jerusalem marsjeer

Aber in Wirklichkeit verlangt sie, dass das Proletariat innerhalb der Grenzen der bestehenden Gesellschaft bleibt

maar in werklikheid vereis dit dat die proletariaat binne die grense van die bestaande samelewing bly

sie fordern das Proletariat auf, alle seine hasserfüllten Ideen über die Bourgeoisie abzulegen

hulle vra die proletariaat om al hul haatlike idees oor die bourgeoisie weg te gooi

es gibt eine zweite, praktischere, aber weniger systematische Form dieses Sozialismus

daar is 'n tweede meer praktiese, maar minder sistematiese, vorm van hierdie sosialisme

Diese Form des Sozialismus versuchte, jede revolutionäre Bewegung in den Augen der Arbeiterklasse abzuwerten

Hierdie vorm van sosialisme het gepoog om elke revolusionêre beweging in die oë van die werkersklas te depresieer

Sie argumentieren, dass keine bloße politische Reform für sie von Vorteil sein könnte

Hulle voer aan dat geen blote politieke hervorming vir hulle tot voordeel kan wees nie

nur eine Veränderung der materiellen Existenzbedingungen in den wirtschaftlichen Beziehungen ist von Nutzen

slegs 'n verandering in die materiële bestaansvoorwaardes in ekonomiese verhoudinge is voordelig

Wie der Kommunismus tritt auch diese Form des Sozialismus für eine Veränderung der materiellen Existenzbedingungen ein

Soos kommunisme, bepleit hierdie vorm van sosialisme 'n verandering in die materiële bestaansvoorwaardes

Diese Form des Sozialismus bedeutet jedoch keineswegs, dass die Bourgeoisie Produktionsverhältnisse abgeschafft werden

hierdie vorm van sosialisme dui egter geensins op die afskaffing van die bourgeoisie se produksieverhoudings nie

die Abschaffung der Bourgeoisie Produktionsverhältnisse kann nur durch eine Revolution erreicht werden

die afskaffing van die bourgeoisie se produksieverhoudings kan slegs deur 'n rewolusie bereik word

Doch statt einer Revolution schlägt diese Form des Sozialismus Verwaltungsreformen vor

Maar in plaas van 'n rewolusie, stel hierdie vorm van sosialisme administratiewe hervormings voor

und diese Verwaltungsreformen würden auf dem Fortbestand dieser Beziehungen beruhen

en hierdie administratiewe hervormings sou gebaseer wees op die voortbestaan van hierdie betrekkinge

Reformen, die in keiner Weise die Beziehungen zwischen Kapital und Arbeit berühren

hervormings wat dus in geen opsig die verhoudings tussen kapitaal en arbeid beïnvloed nie

im besten Fall verringern solche Reformen die Kosten und vereinfachen die Verwaltungsarbeit der Bourgeoisie Regierung

op sy beste verminder sulke hervormings die koste en vereenvoudig die administratiewe werk van die bourgeoisie-regering

Der Bourgeoisie Sozialismus kommt dann und nur dann adäquat zum Ausdruck, wenn er zur bloßen Redewendung wird

Burgerlike sosialisme bereik voldoende uitdrukking, wanneer, en slegs wanneer, dit 'n blote beeldspraak word

Freihandel: zum Wohle der Arbeiterklasse

Vryhandel: tot voordeel van die werkersklas

Schutzpflichten: zum Wohle der Arbeiterklasse

Beskermende pligte: tot voordeel van die werkersklas

Gefängnisreform: zum Wohle der Arbeiterklasse

Gevangenishervorming: tot voordeel van die werkersklas

Das ist das letzte Wort und das einzig ernst gemeinte Wort des Bourgeoisie Sozialismus

Dit is die laaste woord en die enigste ernstig bedoelde woord van Bourgeoisie Sosialisme

Sie ist in dem Satz zusammengefasst: Die Bourgeoisie ist eine Bourgeoisie zum Wohle der Arbeiterklasse

Dit word opgesom in die frase: die bourgeoisie is 'n bourgeoisie tot voordeel van die werkersklas

3) Kritisch-utopischer Sozialismus und Kommunismus
3) Krities-utopiese sosialisme en kommunisme

Wir beziehen uns hier nicht auf jene Literatur, die den Forderungen des Proletariats immer eine Stimme gegeben hat
Ons verwys hier nie na die literatuur wat nog altyd die eise van die proletariaat uitgespreek het nie
dies war in jeder großen modernen Revolution vorhanden, wie z. B. in den Schriften von Babeuf und anderen
dit was teenwoordig in elke groot moderne rewolusie, soos die geskrifte van Babeuf en ander
Die ersten unmittelbaren Versuche des Proletariats, seine eigenen Ziele zu erreichen, scheiterten notwendigerweise
Die eerste direkte pogings van die proletariaat om sy eie doelwitte te bereik, het noodwendig misluk
Diese Versuche wurden in Zeiten allgemeiner Aufregung unternommen, als die feudale Gesellschaft gestürzt wurde
Hierdie pogings is aangewend in tye van universele opwinding, toe die feodale samelewing omvergewerp is
Der damals noch unterentwickelte Zustand des Proletariats führte zum Scheitern dieser Versuche
Die destydse onontwikkelde toestand van die proletariaat het daartoe gelei dat daardie pogings misluk het
und sie scheiterten am Fehlen der wirtschaftlichen Voraussetzungen für ihre Emanzipation
en hulle het misluk weens die afwesigheid van die ekonomiese voorwaardes vir sy emansipasie
Bedingungen, die erst noch geschaffen werden mussten und die durch die bevorstehende Epoche der Bourgeoisie allein hervorgebracht werden konnten
toestande wat nog geproduseer moes word, en deur die naderende bourgeoisie-tydperk alleen geproduseer kon word
Die revolutionäre Literatur, die diese ersten Bewegungen des Proletariats begleitete, hatte notwendigerweise einen reaktionären Charakter

Die revolusionêre literatuur wat hierdie eerste bewegings van die proletariaat vergesel het, het noodwendig 'n reaksionêre karakter gehad

Diese Literatur schärfte universelle Askese und soziale Nivellierung in ihrer gröbsten Form ein

Hierdie literatuur het universele asketisme en sosiale nivellering in sy grofste vorm ingeskerp

Die sozialistischen und kommunistischen Systeme, die man eigentlich so nennt, entstehen in der frühen unentwickelten Periode

Die sosialistiese en kommunistiese stelsels, behoorlik sogenaamd, ontstaan in die vroeë onontwikkelde tydperk

Saint-Simon, Fourier, Owen und andere beschrieben den Kampf zwischen Proletariat und Bourgeoisie (siehe Abschnitt 1)

Saint-Simon, Fourier, Owen en ander, het die stryd tussen proletariaat en bourgeoisie beskryf (sien Afdeling 1)

Die Begründer dieser Systeme sehen in der Tat die Klassengegensätze

Die stigters van hierdie stelsels sien inderdaad die klasse-antagonismes

Sie sehen auch das Wirken der sich zersetzenden Elemente in der herrschenden Gesellschaftsform

hulle sien ook die optrede van die ontbindende elemente, in die heersende vorm van die samelewing

Aber das Proletariat, das noch in den Kinderschuhen steckt, bietet ihnen das Schauspiel einer Klasse ohne jede historische Initiative

Maar die proletariaat, wat nog in sy kinderskoene is, bied hulle die skouspel van 'n klas sonder enige historiese inisiatief

Sie sehen das Schauspiel einer sozialen Klasse ohne unabhängige politische Bewegung

hulle sien die skouspel van 'n sosiale klas sonder enige onafhanklike politieke beweging

Die Entwicklung des Klassengegensatzes hält mit der Entwicklung der Industrie Schritt

Die ontwikkeling van klasse-antagonisme hou tred met die
ontwikkeling van die nywerheid

**Die ökonomische Lage bietet ihnen also noch nicht die
materiellen Bedingungen für die Befreiung des Proletariats**
Die ekonomiese situasie bied hulle dus nog nie die materiële
voorwaardes vir die emansipasie van die proletariaat nie

**Sie suchen also nach einer neuen Sozialwissenschaft, nach
neuen sozialen Gesetzen, die diese Bedingungen schaffen
sollen**
Hulle soek dus na 'n nuwe sosiale wetenskap, na nuwe sosiale
wette, wat hierdie toestande moet skep

**historisches Handeln besteht darin, sich ihrem persönlichen
erfinderischen Handeln zu beugen**
historiese optrede is om toe te gee aan hul persoonlike
vindingryke optrede

**Historisch geschaffene Emanzipationsbedingungen sollen
phantastischen Verhältnissen weichen**
histories geskepte toestande van emansipasie sal toegee aan
fantastiese toestande

**und die allmähliche, spontane Klassenorganisation des
Proletariats soll der Organisation der Gesellschaft weichen**
en die geleidelike, spontane klasse-organisasie van die
proletariaat moet toegee aan die organisasie van die
samelewing

**die Organisation der Gesellschaft, die von diesen Erfindern
eigens ersonnen wurde**
die organisasie van die samelewing wat spesiaal deur hierdie
uitvinders bedink is

**Die zukünftige Geschichte löst sich in ihren Augen in die
Propaganda und die praktische Durchführung ihrer sozialen
Pläne auf**
Toekomstige geskiedenis los homself in hul oë op in die
propaganda en die praktiese uitvoering van hul sosiale planne

**Bei der Ausarbeitung ihrer Pläne sind sie sich bewußt, daß
sie sich in erster Linie um die Interessen der Arbeiterklasse
kümmern**

In die vorming van hul planne is hulle bewus daarvan dat
hulle hoofsaaklik na die belange van die werkersklas omgee

**Nur unter dem Gesichtspunkt, die leidendste Klasse zu sein,
existiert das Proletariat für sie**

Slegs vanuit die oogpunt dat hulle die lydendste klas is,
bestaan die proletariaat vir hulle

**Der unentwickelte Zustand des Klassenkampfes und ihre
eigene Umgebung prägen ihre Meinungen**

Die onontwikkelde stand van die klassestryd en hul eie
omgewing lig hul opinies in

**Sozialisten dieser Art halten sich allen Klassengegensätzen
weit überlegen**

Sosialiste van hierdie aard beskou hulself as baie beter as alle
klasse-antagonismes

**Sie wollen die Lage jedes Mitglieds der Gesellschaft
verbessern, auch die der Begünstigten**

Hulle wil die toestand van elke lid van die samelewing
verbeter, selfs dié van die mees begunstigdes

**Daher appellieren sie gewöhnlich an die Gesellschaft als
Ganzes, ohne Unterschied der Klasse**

Daarom doen hulle gewoonlik 'n beroep op die samelewing in
die algemeen, sonder onderskeid van klas

**Ja, sie appellieren an die Gesellschaft als Ganzes, indem sie
die herrschende Klasse bevorzugen**

nee, hulle doen 'n beroep op die samelewing in die algemeen
deur voorkeur vir die heersersklas

**Für sie ist alles, was es braucht, dass andere ihr System
verstehen**

Vir hulle is al wat dit vereis dat ander hul stelsel verstaan

**Denn wie können die Menschen nicht erkennen, dass der
bestmögliche Plan für den bestmöglichen Zustand der
Gesellschaft ist?**

Want hoe kan mense nie sien dat die beste moontlike plan vir
die beste moontlike toestand van die samelewing is nie?

**Daher lehnen sie jede politische und vor allem jede
revolutionäre Aktion ab**

Daarom verwerp hulle alle politieke, en veral alle revolusionêre, optrede

Sie wollen ihre Ziele mit friedlichen Mitteln erreichen

hulle wil hul doelwitte op vreedsame wyse bereik

Sie bemühen sich durch kleine Experimente, die notwendigerweise zum Scheitern verurteilt sind

hulle poging, deur klein eksperimente, wat noodwendig tot mislukking gedoem is

und durch die Kraft des Beispiels versuchen sie, den Weg für das neue soziale Evangelium zu ebnen

en deur die krag van die voorbeeld probeer hulle die weg baan vir die nuwe sosiale Evangelie

Welch phantastische Bilder von der zukünftigen Gesellschaft, gemalt in einer Zeit, in der sich das Proletariat noch in einem sehr unterentwickelten Zustand befindet

Sulke fantastiese prente van die toekomstige samelewing, geskilder in 'n tyd waarin die proletariaat nog in 'n baie onontwikkelde toestand is

und sie hat immer noch nur eine phantastische Vorstellung von ihrer eigenen Stellung

en dit het nog steeds net 'n fantastiese opvatting van sy eie posisie

aber ihre ersten instinktiven Sehnsüchte entsprechen den Sehnsüchten des Proletariats

maar hul eerste instinktiewe verlange stem ooreen met die verlange van die proletariaat

Beide sehnen sich nach einem allgemeinen Umbau der Gesellschaft

Albei smag na 'n algemene heropbou van die samelewing

Aber diese sozialistischen und kommunistischen Veröffentlichungen enthalten auch ein kritisches Element

Maar hierdie sosialistiese en kommunistiese publikasies bevat ook 'n kritieke element

Sie greifen jedes Prinzip der bestehenden Gesellschaft an

Hulle val elke beginsel van die bestaande samelewing aan

Daher sind sie voll von den wertvollsten Materialien für die Aufklärung der Arbeiterklasse

Daarom is hulle vol van die waardevolste materiaal vir die verligting van die werkersklas

Sie schlagen die Abschaffung der Unterscheidung zwischen Stadt und Land und der Familie vor

hulle stel voor dat die onderskeid tussen stad en platteland en die gesin afgeskaff word

die Abschaffung des Gewerbetreibens für Rechnung von Privatpersonen

die afskaffing van die bedryf van nywerhede vir rekening van privaat individue

und die Abschaffung des Lohnsystems und die Proklamation des sozialen Friedens

en die afskaffing van die loonstelsel en die proklamasie van sosiale harmonie

die Verwandlung der Funktionen des Staates in eine bloße Aufsicht über die Produktion

die omskakeling van die funksies van die staat in 'n blote toesig oor produksie

Alle diese Vorschläge deuten einzig und allein auf das Verschwinden der Klassengegensätze hin

Al hierdie voorstelle dui slegs op die verdwyning van klasse-antagonismes

Klassengegensätze waren damals gerade erst im Entstehen begriffen

Klasse-antagonismes het destyds net opgeduik

In diesen Veröffentlichungen werden diese Klassengegensätze nur in ihren frühesten, undeutlichen und unbestimmten Formen anerkannt

In hierdie publikasies word hierdie klasse-antagonismes slegs in hul vroegste, onduidelike en ongedefinieerde vorme erken

Diese Vorschläge haben also rein utopischen Charakter

Hierdie voorstelle is dus van 'n suiwer utopiese karakter

Die Bedeutung des kritisch-utopischen Sozialismus und des Kommunismus steht in einem umgekehrten Verhältnis zur historischen Entwicklung

Die betekenis van krities-utopiese sosialisme en kommunisme hou 'n omgekeerde verband met historiese ontwikkeling

Der moderne Klassenkampf wird sich entwickeln und weiter konkrete Gestalt annehmen

Die moderne klassestryd sal ontwikkel en voortgaan om definitiewe vorm aan te neem

Dieses fantastische Ansehen des Wettbewerbs wird jeden praktischen Wert verlieren

Hierdie fantastiese posisie van die kompetisie sal alle praktiese waarde verloor

Diese phantastischen Angriffe auf die Klassengegensätze verlieren jede theoretische Rechtfertigung

Hierdie fantastiese aanvalle op klasse-antagonismes sal alle teoretiese regverdiging verloor

Die Urheber dieser Systeme waren in vielerlei Hinsicht revolutionär

Die skeppers van hierdie stelsels was in baie opsigte revolusionêr

Aber ihre Jünger haben in jedem Fall bloße reaktionäre Sekten gebildet

maar hulle dissipels het in elke geval blote reaksionêre sektes gevorm

Sie halten an den ursprünglichen Ansichten ihrer Meister fest

Hulle hou styf vas aan die oorspronklike sienings van hul meesters

Aber diese Anschauungen stehen im Gegensatz zur fortschreitenden geschichtlichen Entwicklung des Proletariats

maar hierdie sienings is in teenstelling met die progressiewe historiese ontwikkeling van die proletariaat

Sie bemühen sich daher, und zwar konsequent, den Klassenkampf abzustumpfen

Hulle poog dus, en dit konsekwent, om die klassestryd dood te maak

Und sie bemühen sich konsequent, die Klassengegensätze zu versöhnen

en hulle poog deurgaans om die klasse-antagonismes te versoen

Noch träumen sie von der experimentellen Umsetzung ihrer gesellschaftlichen Utopien

Hulle droom steeds van eksperimentele verwesenliking van hul sosiale Utopieë

sie träumen immer noch davon, isolierte "Phalanster" zu gründen und "Heimatkolonien" zu gründen

hulle droom steeds daarvan om geïsoleerde "phalansteres" te stig en "Home Colonies" te stig

sie träumen davon, eine "Kleine Ikaria" zu errichten – Duodecimo-Ausgaben des Neuen Jerusalem

hulle droom daarvan om 'n "Klein Icaria" op te rig - duodecimo-uitgawes van die Nuwe Jerusalem

Und sie träumen davon, all diese Luftschlösser zu verwirklichen

en hulle droom om al hierdie kastele in die lug te verwesenlik

Sie sind gezwungen, an die Gefühle und den Geldbeutel der Bourgeoisie zu appellieren

hulle is verplig om 'n beroep op die gevoelens en beursies van die bourgeois te doen

Nach und nach sinken sie in die Kategorie der oben dargestellten reaktionären konservativen Sozialisten

Geleidelik sink hulle in die kategorie van die reaksionêre konserwatiewe sosialiste wat hierbo uitgebeeld word

sie unterscheiden sich von diesen nur durch systematischere Pedanterie

hulle verskil slegs van hierdie deur meer sistematiese pedanterie

und sie unterscheiden sich durch ihren fanatischen und abergläubischen Glauben an die Wunderwirkungen ihrer Sozialwissenschaft

en hulle verskil deur hul fanatiese en bygelowige geloof in die wonderbaarlike gevolge van hul sosiale wetenskap

Sie widersetzen sich daher gewaltsam jeder politischen Aktion der Arbeiterklasse

Hulle staan dus gewelddadig alle politieke optrede van die werkersklas teë

ein solches Handeln kann ihrer Meinung nach nur aus blindem Unglauben an das neue Evangelium resultieren

sulke optrede kan volgens hulle slegs die gevolg wees van blinde ongeloof in die nuwe Evangelie

Die Owenisten in England und die Fourieristen in Frankreich stehen den Chartisten und den "Réformisten" entgegen

Die Oweniete in Engeland, en die Fourieriste in Frankryk, onderskeidelik, staan die Chartiste en die "Réformistes" teë

Stellung der Kommunisten zu den verschiedenen
bestehenden Oppositionsparteien

Posisie van die kommuniste in verhouding tot die verskillende
bestaande opposisiepartye

**Abschnitt II hat die Beziehungen der Kommunisten zu den
bestehenden Arbeiterparteien deutlich gemacht**

Afdeling II het die verhoudings van die kommuniste met die
bestaande werkersklaspartye duidelik gemaak

**wie die Chartisten in England und die Agrarreformer in
Amerika**

soos die Chartiste in Engeland, en die Agrariese Hervormers
in Amerika

**Die Kommunisten kämpfen für die Erreichung der
unmittelbaren Ziele**

Die Kommuniste veg vir die bereiking van die onmiddellike
doelwitte

**Sie kämpfen für die Durchsetzung der momentanen
Interessen der Arbeiterklasse**

hulle veg vir die afdwinging van die kortstondige belange van
die werkersklas

**Aber in der politischen Bewegung der Gegenwart
repräsentieren und kümmern sie sich auch um die Zukunft
dieser Bewegung**

Maar in die politieke beweging van die hede verteenwoordig
en sorg hulle ook vir die toekoms van daardie beweging

**In Frankreich verbünden sich die Kommunisten mit den
Sozialdemokraten**

In Frankryk verbind die Kommuniste hulself met die Sosiaal-
Demokrate

**und sie positionieren sich gegen die konservative und
radikale Bourgeoisie**

en hulle posisioneer hulself teen die konserwatiewe en
radikale bourgeoisie

sie behalten sich jedoch das Recht vor, eine kritische Position gegenüber Phrasen und Illusionen einzunehmen, die traditionell aus der großen Revolution überliefert sind

hulle behou egter die reg voor om 'n kritiese standpunt in te neem ten opsigte van frases en illusies wat tradisioneel van die groot rewolusie oorgedra is

In der Schweiz unterstützt man die Radikalen, ohne dabei aus den Augen zu verlieren, dass diese Partei aus antagonistischen Elementen besteht

In Switserland ondersteun hulle die Radikale, sonder om uit die oog te verloor dat hierdie party uit antagonistiese elemente bestaan

teils von demokratischen Sozialisten im französischen Sinne, teils von radikaler Bourgeoisie

deels van Demokratiese Sosialiste, in die Franse sin, deels van radikale bourgeoisie

In Polen unterstützen sie die Partei, die auf einer Agrarrevolution als Hauptbedingung für die nationale Emanzipation beharrt

In Pole ondersteun hulle die party wat aandring op 'n agrariese revolusie as die belangrikste voorwaarde vir nasionale emansipasie

jene Partei, die 1846 den Krakauer Aufstand angezettelt hatte

daardie party wat die opstand van Krakau in 1846 aangevuur het

In Deutschland kämpft man mit der Bourgeoisie, wenn sie revolutionär handelt

In Duitsland veg hulle met die bourgeoisie wanneer dit op 'n revolusionêre manier optree

gegen die absolute Monarchie, das feudale Eichhörnchen und das Kleinbourgeoisie

teen die absolute monargie, die feodale squirearchy en die kleinburgery

Aber sie hören nicht auf, der Arbeiterklasse auch nur einen Augenblick lang eine bestimmte Idee einzuflößen

Maar hulle hou nooit op om vir 'n enkele oomblik een spesifieke idee in die werkersklas in te boesem nie

die klarste Erkenntnis des feindlichen Antagonismus zwischen Bourgeoisie und Proletariat

die duidelikste moontlike erkenning van die vyandige antagonisme tussen bourgeoisie en proletariaat

damit die deutschen Arbeiter sofort von den ihnen zur Verfügung stehenden Waffen Gebrauch machen können

sodat die Duitse werkers dadelik die wapens tot hul beskikking kan gebruik

die sozialen und politischen Bedingungen, die die Bourgeoisie mit ihrer Herrschaft notwendigerweise einführen muss

die sosiale en politieke toestande wat die bourgeoisie noodwendig saam met sy oppergesag moet instel

der Sturz der reaktionären Klassen in Deutschland ist unvermeidlich

die val van die reaksionêre klasse in Duitsland is onvermydelik

und dann kann der Kampf gegen die Bourgeoisie selbst sofort beginnen

en dan kan die stryd teen die bourgeoisie self onmiddellik begin

Die Kommunisten richten ihre Aufmerksamkeit hauptsächlich auf Deutschland, weil dieses Land am Vorabend einer Bourgeoisie Revolution steht

Die Kommuniste vestig hul aandag hoofsaaklik op Duitsland, want daardie land is op die vooraand van 'n bourgeoisie-rewolusie

eine Revolution, die unter den fortgeschritteneren Bedingungen der europäischen Zivilisation durchgeführt werden muss

'n rewolusie wat sekerlik onder meer gevorderde toestande van die Europese beskawing uitgevoer sal word

Und sie wird mit einem viel weiter entwickelten Proletariat durchgeführt werden

en dit sal beslis uitgevoer word met 'n baie meer ontwikkelde proletariaat

ein Proletariat, das weiter fortgeschritten war als das Englands im 17. und Frankreichs im 18. Jahrhundert

'n proletariaat wat meer gevorderd was as dié van Engeland in die sewentiende en van Frankryk in die agtiende eeu

und weil die Bourgeoisie Revolution in Deutschland nur das Vorspiel zu einer unmittelbar folgenden proletarischen Revolution sein wird

en omdat die bourgeoisie-rewolusie in Duitsland maar die voorspel sal wees tot 'n onmiddellik daaropvolgende proletariese rewolusie

Kurz gesagt, die Kommunisten unterstützen überall jede revolutionäre Bewegung gegen die bestehende soziale und politische Ordnung der Dinge

Kortom, die Kommuniste ondersteun oral elke revolusionêre beweging teen die bestaande sosiale en politieke orde van dinge

In all diesen Bewegungen rücken sie als Leitfrage die Eigentumsfrage in den Vordergrund

In al hierdie bewegings bring hulle die eiendomskwessie na vore, as die leidende vraag in elkeen,

unabhängig davon, wie hoch der Entwicklungsstand in diesem Land zu diesem Zeitpunkt ist

maak nie saak wat die mate van ontwikkeling destyds in daardie land is nie

Schließlich setzen sie sich überall für die Vereinigung und Zustimmung der demokratischen Parteien aller Länder ein

Laastens werk hulle oral vir die unie en ooreenkoms van die demokratiese partye van alle lande

Die Kommunisten verschmähen es, ihre Ansichten und Ziele zu verheimlichen

Die Kommuniste minag om hul sienings en doelwitte te verberg

Sie erklären offen, dass ihre Ziele nur durch den gewaltsamen Umsturz aller bestehenden gesellschaftlichen Verhältnisse erreicht werden können

Hulle verklaar openlik dat hul doelwitte slegs bereik kan word deur die gewelddadige omverwerping van alle bestaande sosiale toestande

Mögen die herrschenden Klassen vor einer kommunistischen Revolution zittern

Laat die heersende klasse bewe vir 'n kommunistiese rewolusie

Die Proletarier haben nichts zu verlieren als ihre Ketten

Die proletariërs het niks om te verloor nie, behalwe hul kettings

Sie haben eine Welt zu gewinnen

Hulle het 'n wêreld om te wen

ARBEITER ALLER LÄNDER, VEREINIGT EUCH!

WERKENDE MANNE VAN ALLE LANDE, VERENIG!